QUI

L'art abstrait

ALAIN BONFAND

Professeur à l'Ecole nationale supérieure
des Beaux-Arts de Paris

Deuxième édition corrigée

10e mille

DU MÊME AUTEUR

La tristesse du roi. Histoire de l'art et phénoménologie, PUF (à paraître en 1995).
Paul Klee, l'œil en trop, Paris, Editions de la Différence, coll. « La vue, le texte », 1988.
Lettres d'août, Paris, Editions de la Différence, 1990.
Le rêve de la guerre, récit, Paris, Editions de la Différence, 1991.
Le malheur, roman, Paris, Editions de la Différence, 1991.
La chambre du cerf, roman, Paris, Editions de la Différence, 1992.
L'ombre de la nuit. Essai sur la mélancolie et l'angoisse dans les œuvres de Mario Sironi et de Paul Klee entre 1933 et 1940, Paris, Editions de la Différence, coll. « Mobile Matière », 1993.
Lindström, entre vision et toucher, Paris, Editions de la Différence, 1993.

Principales monographies et catalogues d'exposition :

Paul Klee, œuvre de 1933-1940, Musée des Beaux-Arts de Nîmes, 1984.
Le noir est un ciel, Paris, Editions de la Différence, coll. « Etat des lieux », 1985.
Jan Voss, le temps du tableau, Marseille, Editions André Dimanche, 1986.
Jean-Pierre Pincemin, Paris, Editions de la Différence, coll. « Etat des lieux », 1986.
Raoul Hausmann, Paris, Editions VW - Musée départemental de Rochechouart, 1986.
Les années 70, Centre d'art contemporain, Abbaye de Meymac, 1987.
Giulio Paolini, Musée des Beaux-Arts de Nantes, 1987.
Otto Freundlich, Musée de Rochechouart, Paris, Editions de la Différence, 1988.
Pierre Buraglio, Paris, Editions de la Différence, coll. « Etat des lieux », 1989.
Aloïse, Musée de Rochechouart, Paris, Editions de la Différence, 1990.
Quelque chose de reste, Paris, Editions de la Différence, coll. « Etat des lieux », 1991.
Glen Baxter, Abbaye Saint-André, CAC de Meymac, 1991.
Jan Voss, Paris, Editions de la Différence, coll. « L'autre Musée », 1991.
Piotr Klemensiewicz, Paris, Editions de la Différence, coll. « Etat des lieux », 1992.
Peter Briggs, Mairie de Paris, 1992.

ISBN 2 13 046189 1

Dépôt légal — 1re édition : 1994
2e édition corrigée : 1995, mai

108, boulevard Saint-Germain, 75006 Paris

INTRODUCTION

Lorsqu'en 1984, Frank Stella affirma lors d'une conférence à Amsterdam : « Je n'ai aucun problème pour apprécier (et sous un certain rapport pour comprendre) la grande peinture abstraite du passé moderniste, celle de Kandinsky, Malevitch et Mondrian, mais j'ai plus de difficulté avec leurs affirmations, leur plaidoirie, leur défense de l'abstraction. Mon sentiment est que ces raisons, ces étayages théoriques marqués de théosophie et d'antimatérialisme ont donné à la peinture abstraite un certain handicap qui a contribué à sa situation critique actuelle », non seulement il établissait sa position de peintre abstrait contemporain en regard des trois grandes figures fondatrices de l'abstraction, mais également il poursuivait une polémique sur l'origine de celle-ci.

Utiliser le mot *spirituel* à la fin des années 30 et dans les années 40, comme l'a récemment noté Richard Poussette-Dart[1], était presque une hérésie et à la limite compromettant pour la carrière d'un artiste. On peut considérer d'une certaine manière qu'Alfred Barr, directeur du Museum of Modern Art, s'inscrivait dans cette logique. Dans *Cubism and Abstract Art*, il établissait graphiquement les mouvements artistiques de 1890 à 1935. Son graphique, bien qu'entrelacé et quelque peu complexe, montre chaque mouvement artistique comme l'aboutissement logique des rapports esthétiques des mouvements précédents.

Le point de vue de Barr, qui dirigeait la collection du

1. Dans une interview avec Maurice Tuchman à New York en mars 1989.

Museum of Modern Art et tentait de faire de New York le centre de l'activité artistique, influença la vague de critique formaliste qui domina les études sur l'art moderne aux Etats-Unis.

Clement Greenberg, dont la carrière comme critique commença dans les années 30, poursuivait la tradition formaliste de Barr en dégageant les mouvements clés de l'art moderne qui correspondaient à sa vision de l'art contemporain. Greenberg retrouvait dans l'accomplissement formel de Matisse, Picasso, Kandinsky et Mondrian, et la poursuite de ces efforts par les expressionnistes abstraits, une illustration de sa vision.

Bien avant-guerre le livre de Arp et Lissitsky, *Les ismes dans l'art*, publié en 1924 en édition trilingue allemand-français-anglais, proposait déjà une histoire de l'art moderne pensée comme une suite de mouvements s'inscrivant dans un progrès continu. L'évolution de l'impressionnisme à l'art abstrait passant par ce point obligé — le cubisme — était le leitmotiv de l'époque. Un tel déterminisme a souvent occulté la dimension spirituelle inaugurale de l'abstraction. C'est pourtant, semble-t-il, à partir d'elle que les oeuvres de ce qu'il est convenu d'appeler les pionniers de l'abstraction doivent être pensées.

Chapitre I

UN HORIZON SPIRITUEL COMMUN

Une partie de l'attitude esthétique contemporaine de « désacralisation de l'art » trouvera dans l'écart entre les présupposés mystico-philosophiques des œuvres qui nous occupent et ces œuvres mêmes — leur aboutissement formel — un argument. Il est vrai que, comme l'affirme Jean-Marie Schaeffer, « le fait que le monde de l'art continue à “avancer” à travers des “mouvements”, fussent-ils de plus en plus éphémères, montre que le paradigme évolutionniste continue à fonctionner, fût-ce à vide : les œuvres sont toujours situées dans le cadre d'une stratégie d'intervention historique. Simplement, nous nous trouvons désormais non plus dans un mouvement téléologique mais dans un mouvement brownien »[1]. Ce constat qui dénonce à la fois le déterminisme historique et l'évolutionnisme dialectique occulte par ailleurs l'interaction complexe de l'arrière-monde philosophique et de la réalité de l'œuvre. Cet arrière-monde spirituel, mystique et philosophique domine dans la genèse des œuvres de Kandinsky, Mondrian et Malevitch, mais aussi de Kupka ou de Hilma af Klint, dans laquelle Maurice Tuchman voit l'exemple d'une artiste dont l'œuvre serait d'essence purement spirituelle et indépendant des mouvements artistiques contemporains.

1. J.-M. Schaeffer, *L'art de l'âge moderne*, Gallimard, 1992, p. 355.

I. — Une première occurrence en esthétique du mot « abstraction »

Worringer est le premier à dégager la notion d'abstraction en tant que donnée esthétique. Son texte aujourd'hui célèbre, *Abstraction et Einfühlung*, paru à Munich en 1908, est une thèse de doctorat présentée une année auparavant à l'Université de Berne, Worringer a alors vingt-six ans. Marqué par Schopenhauer, comme le seront directement ou indirectement Kandinsky, Malevitch ou Mondrian, héritier de la philosophie allemande, Worringer prend la démarche esthétique à rebours. L'histoire de l'art n'étant dès lors plus celle d'un « pouvoir faire » mais celle de la volonté de faire (ou d'un « vouloir faire »). Le mot intraduisible d'*Einfühlung*, notion utilisée dès 1873 par le philosophe Robert Vischer dans son traité *Über das optische Formgefühl (Sur le sentiment de la forme visuelle),* puis développée par Theodor Lipps dans son esthétique *(Aesthetik),* dénote un état de synergie entre l'être humain et le monde qui l'entoure. Analysant l'architecture et les arts de l'Antiquité, puis opposant à la Renaissance les arts du Nord (Mérovingien, Celte, etc.), Worringer conclut que le réalisme justifie que l'être humain domine le monde extérieur, que l'entendement a pris le pas sur l'instinct. Ainsi donc le degré d'*Einfühlung* décide du degré de réalisme dans un art : « La poussée de l'*Einfühlung* a pour condition un rapport de confiance total et heureux entre l'homme et les phénomènes extérieurs alors que la poussée de l'abstraction est au contraire la conséquence d'une grande inquiétude intérieure chez l'homme provoquée par les phénomènes du monde extérieur et elle correspond, dans le domaine de la religion, à une coloration fortement transcendantale de toute l'imagination. »

Comme le remarque Dora Vallier[1], Worringer observe qu'au cours des civilisations, il y a des moments où la

1. Dora Vallier, *L'art abstrait*, Le Livre de poche, 1980, p. 21.

puissance écrasante des dieux aussi bien que son contraire, l'incertitude de l'existence ressentie comme une menace, détourne l'homme du réel : la sensibilité étant retenue par ce qui est hors d'atteinte, l'art tend vers l'abstraction, car seule la forme abstraite peut transcender le réel.

L'abstraction aurait donc partie liée avec ce que les Anciens appelaient le *mysterium tremendum* et que de manière plus contemporaine nous appellerons l'anxiété. « Récapitulons, écrit Worringer, l'impulsion artistique originaire n'a rien à voir avec l'imitation de la nature. Elle est en quête de la pure abstraction comme seule possibilité de repos à l'intérieur de la confusion et de l'obscurité de l'image du monde, et elle crée l'abstraction géométrique à partir d'elle-même, de façon purement instinctive. Elle est l'expression accomplie, et la seule expression concevable pour l'homme, de l'émancipation à l'égard de tout arbitraire et de toute temporalité de l'image du monde. »[1]

Cette dimension d'anxiété secondera les textes de Kandinsky, Malevitch et Mondrian ; elle est le lien entre les présuppositions spiritualistes, théosophiques, antimatérialistes, et ces œuvres. Il ne faut pas pour autant établir un lien de causalité entre l'essai de Worringer et l'abstraction dont nous parlons (comme cela a pu être fait par O. Stelzer à propos de Kandinsky). Worringer reprend des modèles opératoires dans le domaine de la sculpture et essentiellement de l'architecture, mais lorsqu'il écrit : « Ainsi l'espace est le pire ennemi de tout effort abstractif, et c'est lui qui devrait être réprimé au premier chef par la présentation artistique. Cette exigence est inséparablement intriquée avec une autre : circonvenir la troisième dimension, la dimension de profondeur dans la présentation, puisque celle-ci est la dimension proprement "spatiale" »[2], une telle injonction

1. Worringer, *Abstraction et Einfühlung*, traduction Emmanuel Martineau, Editions Klincksieck, 1978, p. 75.

supporte les œuvres à venir de Kandinsky, Malevitch ou Mondrian, et contrairement à ce qu'affirme Dora Vallier, le cubisme n'apporte aucun démenti catégorique à pareille affirmation[1]. Le cubisme, s'il ouvre d'une certaine manière aux spéculations abstraites, ne porte pas l'abstraction en lui, il est, nous aurons à le montrer, un réalisme en excès de terme.

Worringer est resté étranger à l'art de son temps. Le seul peintre contemporain à notre connaissance à qui il consacra un essai, fort court, est Carlo Carrà et plus particulièrement à son tableau *Il pino sul mare*. Cependant *Abstraction et Einfühlung* nous permet d'isoler la notion d'abstraction en tant que donnée esthétique opératoire d'une part, d'autre part d'accuser le rôle de l'anxiété dans le procès abstracteur. Rôle qui, sans le justifier, introduit aux théories spirituelles qui président aux œuvres de Kandinsky, Malevitch ou Mondrian.

Le primat de cette dimension spirituelle ne doit pas pour autant faire basculer ces œuvres vers une a-historicité, elle participe d'évidence du mouvement des avant-gardes, croise le cubisme ou d'autres mouvements ; il n'en reste pas moins qu'associer cette abstraction à « l'abstraction du cubisme » reste un faux sens. Michel Henry écrit avec raison : « La présence de ces formes pures comme principe de la construction d'un tableau — construction linéaire, triangulaire, circulaire, etc. — se concilie parfaitement dans la peinture classique avec son dessein d' "imiter la nature", c'est-à-dire de retrouver et d'utiliser ses lois profondes, bien plus elle en provient directement. Lorsque cette composition géométrique devient prédominante au point de réduire à elle la thématique picturale, comme il advient dans le cubisme, l'origine mondaine de cette peinture n'est pas remise en cause. C'est toujours la réalité extérieure, c'est une certaine interprétation *de cette réalité* qui sert de prémisse à ces tentatives de renouvelle-

2. Worringer, *op. cit.*, p. 71.
1. Préface de Dora Vallier, Worringer, *op. cit.*, introd., p. 23.

ment. *L'abstraction du cubisme appartient au projet figuratif et doit se comprendre comme l'une de ses modalités de réalisation.* »[1]

Dans le cubisme l'objet entendu au sens large dicte à l'artiste les règles de sa déconstruction ou de sa reconstruction. Plus que tout autre mouvement le cubisme a peut-être eu ce souci de l'objet, souci dont témoigne l'atelier laboratoire, huisclos disposant toujours les mêmes objets du monde, instruments de musique, cartes ou journal, etc. Le cubisme est même en soi un réalisme en ce qu'il incorpore des éléments *réels* : bois, sable, journal, dans le tableau. La prétendue abstraction du cubisme est en fait une réduction et si les tableaux de Braque et Picasso peuvent par faux sens apparaître abstraits, c'est parce qu'ils s'imposent de concilier la multiplicité des vécus de conscience dans le tableau. Ces vécus de conscience conciliés quoique inconciliables produisent cet effet de brouillage que l'on a tôt fait de confondre avec une abstraction. Le cubisme propose un objet à la puissance *n* : telle bouteille de rhum saisie selon divers vécus positionnels à différents moments et dont l'image, par l'entremise du collage qui en accuse la réalité, doit être plus puissante que l'objet lui-même.

Toute autre est l'abstraction qui ici nous occupe. Un tel procès où la géométrie trouve ou retrouve son origine mériterait tout autant d'être appelé *idéation* dans la mesure où il crée un être nouveau, idéel, plutôt qu'il n'épargne tel fragment de réel. Cette abstraction ou idéation, celle de Mondrian à coup sûr, de Malevitch mais aussi de Kandinsky, n'en prend pas moins son point de départ dans le monde et y renvoie comme à son fondement et à son fonds.

Abstrait pourrait vouloir dire aussi construit à partir des formes sensibles et par une sorte d'épuration de celles-ci. C'est ainsi, par exemple, que l'on passe du rond au

1. Michel Henry, *Voir l'invisible*, Editions François Bourin, 1988, p. 28.

cercle, mais également de l'ensemble des incitations formelles de la nature à leur archétype géométrique. Pour filer cet exemple que le rond, qui dans la logique perspectiviste devenait une sphère, ici se dise sous le mode du cercle est comme co-naturel à la planéité de la toile. Nous retrouvons cette idée que la perspective est ennemie du processus abstracteur mais aussi que l'abstraction ou l'idéation est liée à la surface plane du tableau, l'expression du monde la plus adéquate sur une telle surface.

II. — **Kandinsky**

Michel Henry, dans *Voir l'invisible sur Kandinsky*, isole le projet de cet artiste le liant à sa propre philosophie. Une telle attitude herméneutique est parfaitement justifiable et justifiée par l'événement même qu'est l'œuvre de Kandinsky. L'interprétation reste le seul rempart contre l'analyse descriptive, contre le dictat du formalisme en vigueur. Michel Henry cependant dissocie l'œuvre de Kandinsky de celui de Mondrian ou de Malevitch : « La pure abstraction de Mondrian ou de Malevitch est précisément l'abstraction de la géométrie, une abstraction qui provient du monde et lui emprunte sa propre nature en même temps qu'elle prétend en formuler l'essentiel. »[1]

L'abstraction de Kandinsky procède tout autant du monde mais un monde qui cesserait d'être objectivé, vu, pensé comme objet ; la très célèbre anecdote de la « révélation » de l'abstraction pour Kandinsky ne procède-t-elle pas de cette expérience en face du monde, monde ici résumé à un tableau, tableau de l'artiste lui-même, posé sur le côté, qu'il découvre, qu'il voit pour autre chose que ce qu'il a peint.

Il faut extraire sa puissance phénoménologique de ce texte si souvent cité. C'est ainsi, dans *Regards sur le passé*, que Kandinsky se remémore l'acte ou plutôt le regard

1. Michel Henry, *op. cit.*, p. 29.

inaugural : « C'était l'heure du crépuscule naissant. J'arrivais chez moi avec ma boîte de peinture après une étude, encore <perdu dans mon rêve et absorbé par le travail que je venais de terminer>, lorsque je vis soudain un tableau d'une beauté indescriptible, imprégné d'une grande ardeur intérieure. Je restai d'abord interdit, puis je me dirigeai rapidement vers ce tableau mystérieux (sur lequel je ne voyais que des formes et des couleurs et dont le sujet était incompréhensible). Je trouvai aussitôt le mot de l'énigme : c'était un de mes tableaux qui était appuyé au mur sur le côté. J'essayai le lendemain de retrouver à la lumière du jour l'impression éprouvée la veille devant ce tableau. Mais je n'y arrivai qu'à moitié : même sur le côté je reconnaissais constamment les objets et il manquait la fine lumière du crépuscule. Maintenant j'étais fixé, l'objet nuisait à mes tableaux. »[1]

L'abstraction pour Kandinsky procède d'une apparition, littéralement, il emploiera le mot : d'une extase. Cette anamorphose, étymologiquement cette montée à la forme que décrit Kandinsky, est bien vision de l'invu du tableau, de cet invisible en lui qui ne serait plus tributaire d'aucun objet représenté du monde. Husserl dit que « l'objet est un pôle d'identité idéale au-delà de la multiplicité de ses apparitions sensibles », c'est peut-être ici que se séparent inauguralement les destins des œuvres de Kandinsky, Malevitch et Mondrian (pour Mondrian, par exemple, la question ne sera-t-elle pas de traquer ce pôle d'identité idéale malgré la multiplicité de ses apparitions sensibles). Pour Kandinsky, « abstrait » ne désigne pas ce qui provient du monde au terme d'un procès d'épure mais l'apparition, les apparitions dans leur singularité, l'éblouissement qu'elles provoquent, ici à partir d'un tableau, d'une apparition donc au premier degré.

L'abstraction est cette « vision » au second degré, vision d'une vision et tant il est vrai que nous ne voyons

1. Wassily Kandinsky, *Regards sur le passé* ; traduction J.-P. Bouillon, Editions Hermann, 1974, p. 169.

jamais deux fois un tableau de la même manière, que nous ne revoyons jamais de la même façon un tableau, l'expérience de la découverte du tableau sur le côté s'apparente bien à une expérience intérieure, annonce bien cette dialectique intérieur/extérieur qui scandera l'œuvre et la pensée de Kandinsky.

Il s'agit bien ici d'une réduction au sens phénoménologique du mot. Tout est subsumé par des concepts qui font que la plupart de nos perceptions sont doubles ; toujours, déjà, l'intention d'une des significations voit d'avance ce qui est donné. Pour Kandinsky, une première réduction s'opère lorsque le vécu de conscience intentionnel fait apparaître, comme transcendant la conscience, le *Je*, première étape que nous pourrions lier à la reconnaissance du tableau posé sur le côté comme tel. Mais une seconde réduction plus complexe s'impose, cette suspension de l'intentionnalité où les vécus qui déploient une immanence transcendante vont être réduits à de purs vécus n'incorporant rien — temps qui coïncide avec la découverte de ce même tableau comme non assignable, inédit, invu. Pour le dire selon une métaphore propre au monde de Kandinsky (Kandinsky écrit en 1912 un recueil de poèmes intitulé *Klänge*), nous n'entendons jamais un bruit mais toujours le bruit de quelque chose ; le projet abstracteur de Kandinsky serait d'entendre tel son sans l'intention première qui le détermine, de voir telle couleur comme arrachée à l'objet qui la soumettait à notre regard. C'est d'ailleurs ainsi que s'ouvre *Regards sur le passé* : « Les premières couleurs qui aient fait sur moi une grande impression étaient du vert clair et plein de sève, du blanc, du rouge carmin, du noir et de l'ocre jaune. Ces souvenirs remontent à ma troisième année. J'ai vu ces couleurs sur différents objets que je ne me représente pas aujourd'hui aussi clairement que les couleurs elles-mêmes. »[1] Dans *Regards sur le passé* également, après

1. W. Kandinsky, *op. cit.*, p. 87.

avoir évoqué le combat avec la toile : « La peinture est le heurt grondant de mondes différents destinés à créer dans et par leur combat le monde nouveau qu'on nomme l'œuvre. Chaque œuvre naît, du point de vue technique, exactement comme naquit le cosmos », Kandinsky évoque la genèse de son premier livre, *Du spirituel dans l'art* : « Ainsi ces sensations de couleur sur la palette (de même que dans les tubes, qui ressemblent à des hommes d'esprit puissant mais d'apparence modeste dévoilant soudain, en cas d'urgence, leurs forces jusque-là tenues secrètes, et les faisant agir) se convertirent-elles en expériences spirituelles. Ces expériences servirent ensuite de point de départ aux idées dont je pris conscience voici <dix ou douze ans> <et qui commençèrent alors à s'assembler pour aboutir au livre *Du spirituel dans l'art*. Ce livre s'est fait de lui-même plutôt que je ne l'ai écrit>. Je transcrivis des expériences isolées qui, comme je le remarquai plus tard, avaient entre elles un rapport organique. J'avais le sentiment de plus en plus fort, de plus en plus clair, que <dans l'art les choses ne dépendent pas> du "formel" mais d'un désir intérieur (= contenu) qui <délimite le domaine du> formel. Ce fut un grand pas en avant — à ma grande honte il m'a fallu longtemps pour le faire — que de résoudre entièrement le problème de l'art sur la base de la nécessité intérieure <qui était à même> de renverser à chaque instant l'ensemble des règles et des frontières connues. »[1] Dans la version russe du texte Kandinsky modifiera « la nécessité intérieure qui était à même » par « la nécessité intérieure qui avait la force angoissante ».

La décision de se consacrer uniquement à la peinture sera tardive chez Kandinsky. Né à Moscou le 4 décembre 1866 d'une mère moscovite et d'un père né en Sibérie orientale, très jeune il voyagea en Italie avant que

1. W. Kandinsky, *op. cit.*, p. 116-117.

sa famille ne s'installe à Odessa. Dès 1874 il étudie le piano, plus tard le violoncelle. En 1886 il commence des études de droit et d'économie politique à l'Université de Moscou. C'est en 1889 qu'il découvre Rembrandt au Musée de l'Ermitage, voyage à Paris et visite l'Exposition universelle. Après avoir passé ses examens de droit et épousé sa cousine, il accomplit un second voyage à Paris. En 1893 il est chargé de cours à la Faculté de droit de Moscou, mais c'est en 1895, comme il le relatera, qu'il découvre les possibilités insoupçonnées de la peinture devant une *Meule de foin* de Monet lors d'une exposition des impressionnistes français à Moscou. Après avoir refusé un poste d'enseignant en Estonie, il part étudier la peinture à Munich, s'inscrit à l'école d'Anton Azbé où il rencontre Marianne Werefkin et Alexis Jawlensky.

En 1900 il entre dans la classe de Franz von Stuck à l'Académie de Munich. A peine a-t-il acquis une formation technique qu'il crée avec quelques collègues, sous le nom de « Phalanx », une association dont les buts sont d'ouvrir l'enseignement des beaux-arts et d'organiser des expositions. L'Académie officielle est alors fermée aux femmes, « Phalanx » offre aux postulantes la possibilité de dessiner d'après des modèles vivants. L'école de « Phalanx » devra fermer ses portes dès 1903. Kandinsky voyage, expose à Rome, Paris, Vienne, Moscou, Berlin, séjourne à Paris, voyage en Suisse.

De retour à Munich pour six ans, en 1909 il fait l'acquisition d'une maison à Murnau ; il a quarante-quatre ans en 1910 lorsqu'il peint sa première œuvre abstraite. C'est une aquarelle, technique qui lui offre à la fois la plus grande liberté et la plus grande vitesse d'exécution, celle de saisir ou de retrouver l'invisible que la citation de *Regards sur le passé* laissait présager.

En 1911 il peint à l'huile ses *Improvisations*, mais dès 1910, en écho à ses premières expériences abstraites, il a commencé la rédaction de *Du spirituel dans l'art* qui paraîtra en janvier 1912 (bien que 1 000 exemplaires de la première édition soient sortis à Noël 1911). 1912 est également l'année de la seconde exposition du *Cavalier bleu* à Munich : *Der Blaue Reiter*.

En 1913 paraît *Regards sur le passé* que l'on peut lire comme une biographie univoque, celle de l'affirmation de l'abstraction. La même année il publie chez Piper à Munich trente-huit poèmes et cinquante-cinq gravures sous le titre de *Klänge (Sonorités)*.

On a insisté à de nombreuses reprises sur cette obsession du spirituel[1] ; dès 1910, dans un article « Forme et contenu » pour le catalogue du IIe Salon d'Izdebski à Odessa, Kandinsky proclame la venue de « l'époque de la grande spiritualité » dont le fondement est « le principe de la nécessité intérieure ». Kandinsky est naturellement tributaire de l'atmosphère symboliste européenne ainsi qu'en témoignent les pages du troisième chapitre du *Spirituel dans l'art*, « Le tournant spirituel ». N'écrit-il pas (songeant à Maeterlinck, mais aussi à Kubin) : « La nuit qui pèse sur les âmes, la main qui montre la route et qui détruit, la terreur qu'inspire cette main, le chemin qu'on ne retrouve plus, le guide égaré reviennent sans cesse, comme des motifs fondamentaux, dans toutes ses œuvres. Cette atmosphère *angoissée*, c'est, presque toujours, grâce aux seuls moyens de l'art qu'il réussit à l'évoquer. Les détails matériels (sombres bourgs, clairs de lune, étangs, hiboux) n'y figurent presque que comme des accessoires symboliques destinés à rendre un “son intérieur”. »[2]

Il ne restera au « son intérieur » qu'à se dépouiller de la visée intentionnelle qu'il identifie à la réalité, à l'abstraire d'elle. On a sous-estimé l'importance de Schopenhauer pour Kandinsky, alors qu'elle a été soulignée par Troels Andersen, l'éditeur des traductions anglaises des textes de Malevitch. De même, l'on a surestimé chez lui

1. Voir le récent article de Jean-Claude Marcadé, L'obsession du spirituel dans l'art d'avant-garde russe avant et après la Révolution de 1917, in *Qu'est-ce que l'art au XXe siècle*, Editions de l'Ecole nationale supérieure des Beaux-Arts de Paris, 1992, p. 83.

2. W. Kandinsky, *Du spirituel dans l'art*, traduction Pierre Volboudt, Denoël/Gonthier, 1969, p. 62.

l'apport de la théosophie qui ne se justifie pas de la même manière que pour Mondrian. De fait, la théosophie en tant que mystique syncrétique mêle des conceptions hétérogènes (théorie nietzschéenne de l'homme nouveau, évolutionnisme hégélien, illusionnisme de Jakob Böhme et théorie néo-platonicienne). Si Kandinsky cite Blavatsky et la Société de Théosophie dans *Du spirituel dans l'art*, la résonance de cette mystique, pour lui comme pour Mondrian ou Malevitch, est à interpréter comme le symptôme du climat général eschatologique et millénariste qui régnait en Europe avant la fin de la première guerre mondiale. Il ne faut pas oublier, qu'en Russie, des poètes et théoriciens comme Viatecheslav Ivanov ou Andreï Biély se font les annonciateurs d'un art théurgique, qui tente de jeter un pont entre le monde phénoménal et le monde nouménal, réputé inconnaissable depuis Kant. Berdiaev reprend textuellement le schéma hiéro-historique des trois époques de Joaquim de Flore dans *Smysl Tvortchestva (Le sens de la création)* paru à Moscou en 1916 mais conçu dès 1912 : « Le monde passe par trois époques de la révélation divine : la révélation de la loi (du Père), la révélation de la rédemption (du Fils), la révélation de la création (de l'Esprit). A ces époques correspondent divers signes dans les cieux. Il ne nous est pas donné de connaître les limites chronologiques nettes de ces époques. Toutes les trois époques coexistent. La loi n'est pas épuisée aujourd'hui encore et le rachat du péché ne s'est pas encore accompli, bien que le monde entre dans une nouvelle époque religieuse. »[1]

Par ailleurs, comme le souligne le traducteur français de *Regards sur le passé*, à propos de l'édition russe, frappent avant tout les suppressions, les biffures, qui révèlent en premier lieu un souci de gommer ce qui fait trop « ancien régime », ce qui peut choquer par l'étalage de quelques signes de richesse « matérielle », alors même que

1. Nicolaï Berdiaev, *Smysl Tvortchestva*, cité dans *Qu'est-ce que l'art au XXe siècle*, *op. cit.*, p. 89.

la richesse « spirituelle », bien loin d'être mise en cause, se voit assurée du poids d'importants ajouts.

Cette dimension spirituelle qui a partie liée avec l'abstraction, même si ce rapport est implicite, œuvre aussi dans le sens d'un rapport conflictuel, du moins chez ces trois peintres, avec l'histoire.

Si pour Mondrian l'histoire semble ne pouvoir fissurer l'utopie formelle, elle a un écho visible chez Malevitch et Kandinsky. En 1914, à la déclaration de guerre, Kandinsky quitte l'Allemagne et rentre à Moscou. Dans le répertoire où il inscrit au fur et à mesure les œuvres qu'il termine, il note à l'année 1915 : « Aucune peinture. » Peu d'œuvres en 1916-1917 et de nouveau la même notation : « Aucune peinture » en 1918. Après son divorce, puis après avoir quitté Gabrielle Münter qu'il avait rencontrée à Munich, en 1917 il épouse Nina de Andréevsky. L'histoire de ces années est probablement une des formes de l'angoisse contre laquelle l'œuvre ne peut rien mais qui sourdement la nourrit, scelle invisiblement l'abstraction en elle.

Cette négation de l'histoire ne saurait trouver sur un autre terrain symptôme plus évident que le projet de réorganisation des musées (Iskousstvo, 1919, n° 2) en l'occurrence l'abandon de l'ordre chronologique au profit d'une présentation par catégories formelles. Kandinsky a alors une activité officielle importante au département des Beaux-Arts, pour la réorganisation des musées, le renouvellement de l'enseignement artistique, mais Kandinsky se situera toujours à la droite de l'avant-garde. C'est en 1918 que paraît la traduction russe de *Regards sur le passé*, édité par le Narkompros (Commissariat à l'éducation du peuple), paradoxe que ce texte autobiographique ait été proposé comme susceptible d'orienter l'art moderne à Moscou dans le contexte révolutionnaire. La dernière exposition personnelle officielle de Kandinsky aura lieu en 1920, son rôle dans le cadre de la politique culturelle mise en place par Lunartcharsky semble important mais encore mal connu, ce fut de toute façon un rôle paradoxal.

Avant son départ en 1921, il avait été nommé professeur honoraire de l'Université de Moscou, mais également fondé en 1921 une Académie marginale des arts et des sciences dont il assurait la vice-présidence. Cet individualisme de Kandinsky, Lissitsky, dans sa communication sur l'art russe donnée en Allemagne en 1922, le stigmatise ainsi : « Apparurent, parallèlement aux mouvements que je viens de citer (le constructivisme), des peintres travaillant sans but spécifique. Ils aspiraient à la représentation purement subjective de leurs émotions à travers des combinaisons de couleurs. Si on compare leur travail à celui des suprématistes, il évoque des tas d'immondices à côté de purs cristaux. Au mieux ce sont de beaux papiers peints ou des tapisseries. Leur représentant par excellence est Kandinsky. Il introduisait les formules artistiques de la métaphysique allemande contemporaine et en conséquence n'était en Russie qu'un épiphénomène. »[1]

Nous aurons à examiner (II) comment l'opposition idéologique et éthique, artistique, entre Kandinsky et les constructivistes trouve son écho dans le statut propre du médium.

De retour en Allemagne, l'individualisme de Kandinsky ne se démentira pas plus que son attachement au tableau de chevalet, ainsi qu'en témoigne son expérience au Bauhaus où il enseignera jusqu'en 1933.

Point. Ligne. Plan paraîtra en 1926, neuvième volume des *Bauhausbücher*. Il est remarquable que la plus grande modification stylistique dans l'abstraction de Kandinsky ait été ponctuée par cet écrit théorique qui est à ce qu'il est convenu d'appeler la seconde période ce que *Du spirituel dans l'art* était à celle de *Der Blaue Reiter*. Quand le Bauhaus fort de sa nouvelle devise, « Art et technique comme unité nouvelle », évoluera vers un enseignement de plus en plus tourné vers la technique et l'industrie « et en somme de plus en plus étroitement associé à la struc-

1. Cité dans le catalogue de l'exposition Kandinsky, *op. cit.*, p. 154.

ture sociale (économique) qui l'autorise et qui est amené à l'utiliser »[1], Kandinsky alors, comme Klee, se sentira à tout le moins en marge d'un tel processus.

A la fermeture du Bauhaus, Kandinsky s'expatrie. Son dessein étant pourtant de retourner en Allemagne dès la première accalmie, il conservera son passeport allemand jusqu'à ce qu'on le lui retire en 1938. Il restera à Neuilly-sur-Seine jusqu'à sa mort le 13 décembre 1944. Les dix dernières années de sa vie sont par commodité appelées « Période parisienne » en opposition à celle de Murnau ou à celle du Bauhaus. Il titrera dès lors ses œuvres en français, l'une des premières s'intitule *Chacun pour soi.*

III. — **Malevitch**

Il faudrait s'interroger sur ce qui lie si explicitement la philosophie et l'abstraction, sur ce mouvement qui, suivant l'explicite assignation de l'art à la métaphysique, impose d'évidence l'exégèse de l'artiste lui-même puis celle du philosophe. Malevitch s'arrête de peindre pour écrire, quelles que soient les raisons, politiques ou intérieures, le texte relaya l'œuvre, la prolongeant autant qu'il l'explicitait. Nous avons vu que Michel Henry avait tardivement consacré un livre à Kandinsky ; le premier livre d'un autre philosophe, Emmanuel Martineau, s'intitule *Malevitch et la philosophie.* Ce livre contesté par certains est cependant incontournable. Martineau y débusque au cœur même de la spiritualité malevitchéenne cette anxiété qui règne sur l'arrière-monde métaphysique du peintre. Allons au texte de Malevitch lui-même : « Lorsqu'en 1913, dans mon effort désespéré de libérer l'art du poids inutile de l'objectivité, je me réfugiai vers la forme du carré et exposai une icône qui ne présentait qu'un carré noir sur champ blanc, la critique soupira, et avec elle la société : “Tout ce que nous avons aimé a péri : nous sommes dans un désert... Devant nous,

1. M. Pleynet, *L'enseignement de la peinture*, Editions du Seuil, 1971, p. 130.

un carré noir sur fond blanc !" (...) Plus de "répliques de la réalité" — point de représentations idéelles —, rien qu'un désert. Mais le désert est empli de l'esprit de la sensibilité inobjective, qui pénètre tout. Moi aussi, une sorte de réserve poussée jusqu'à l'angoisse *(eine Art Scheu bis zur Angst)* m'emplit, lorsqu'il s'agit de quitter le "monde de la volonté et de la représentation" où j'avais vécu et créé, et à la factualité duquel j'avais cru. Mais le sentiment bienheureux de l'inobjectivité libératrice m'entraîna violemment vers le "désert" où n'est factuelle que la sensibilité... et ainsi la sensibilité devint la teneur de ma vie. Ce n'était pas là un carré vide que j'avais exposé, mais la sensibilité de l'inobjectivité. (...) Le carré noir sur son champ blanc était la première forme d'expression de la sensibilité inobjective : le carré = la sensibilité, le champ blanc = le "Rien" en dehors de cette sensibilité. (...) L'objectif — en soi dépourvu de signification ; les représentations de la conscience — sans valeur. La sensibilité, voilà le décisif... et ainsi l'art s'achemine jusqu'à la présentation inobjective — au suprématisme. Il atteint un "désert", où rien n'est plus reconnaissable que la sensibilité. »[1] Le commentaire que Martineau fait de ce texte lui permet d'aboutir à la mise en rapport de l'anxiété comme l'envers de la contemplation (intuition qui donne un singulier relief à l'œuvre de Malevitch, mais aussi à ceux de Mondrian ou Kandinsky). Il y a une méditation malévitchéenne sur l'être dont le leitmotiv est une obsession de la pureté. Malevitch voit dans la représentation des objets telle qu'elle apparaît dans l'art figuratif, d'une certaine façon, ce que Kant appelle le *parergon*, c'est-à-dire quelque chose qui n'appartient pas à l'œuvre sans lui être pour autant extrinsèque ; par raccourci, l'art avant le suprématisme n'est que *parergon*. Même chez les cubistes et les futuristes, qui ont pourtant débarrassé l'art de la futilité esthétique pour fonder le tableau sur des dissonances ou faire apparaître le mouvement, pour Malevitch

1. Cité par Emmanuel Martineau, in *Malevitch et la philosophie*, Editions de l'Âge d'homme, 1977, p. 200.

« l'intuition fut écrasée par l'énergie des objets et n'a pas atteint le but autonome de la peinture »... « l'élément pictural n'est ici rien d'autre que le vêtement de l'objet donné ». Le suprématisme est l'avènement de la peinture pure. Pour Malevitch cette prise de conscience dans la peinture de l'abîme de l'être devait permettre à toutes les activités humaines de sortir de « l'utilitarisme ignorant », Malevitch lutta contre l'utilitarisme purement anthropologique de ses adversaires productionnistes, positivistes, les constructivistes Tatline et Rodtchenko.

Pour Malevitch, l'objet n'existe pas, il se dissout dans l'énergie — excitation de l'être non figuratif absolu. Cette pensée est la négation en action du monde des objets et a comme fin de faire apparaître le monde sans objet : *die Gegenstandlose Welt*, ici intervient la notion complexe d'économie. *Le carré noir* « a défini l'économie comme cinquième dimension dans l'art » (*Suprématisme, 34 dessins*). *Le carré blanc*, « contre le mouvement purement économique de la forme de toute la nouvelle construction du monde (...), apparaît encore l'impulsion vers les fondements de la construction du monde comme action pure » ; le rien auquel aboutit Malevitch n'est pas le *nihil* d'une quelconque tradition nihiliste russe, comme le pense Dora Vallier, mais bien ce rien où le phénomène d'être apparaît. L'analogie entre la métaphysique malévitchéenne et la philosophie de Heidegger n'est pas contestable, que le phénomène d'être apparaisse sous le nom du rien dans l'angoisse, n'est-ce pas ce que nous disait Malevitch, n'est-ce pas la démonstration que fait Heidegger au § 40 de *Sein und Zeit* ? L'on a reproché à Martineau une traduction des conceptions de Malevitch dans l'idiome heideggérien[1], « au risque de privilégier les *topoi* aux dépens des aspects plus concrets et plus intéressants du point de vue pictural ». L'abstraction, celle de Malevitch au plus haut point, est le lieu où se divise l'exégèse, celui

1. Jean-Marie Schaeffer, *op. cit.*, p. 355.

où la philosophie se divise. Nous suivrons ici Martineau : « Une certaine qualité d'anxiété est, selon le témoignage de Malevitch lui-même, la tonalité fondamentale de l'expérience qui commande le passage à l'Abstraction artistique. »[1]

Cette anxiété est doublée dans les textes de Malevitch par la question omniprésente de Dieu qui ouvre sur une théologie apophatique. Si, dans le texte *La lumière et la couleur*, Malevitch se moque du Dieu anthropomorphique des religions, il y a là pourtant, omniprésente, la recherche « d'une nouvelle figure de Dieu », celui que Malevitch appelle l'acteur du monde et qui se dissimule comme s'il ne voulait pas montrer sa face, que n'apparaisse pas son visage authentique. Par ailleurs, en 1922 dans son traité *Dieu n'est pas détrôné*, Malevitch paradoxalement prend une position qui n'est pas éloignée de celle de Kandinsky ; le texte *Le Poussah* y fera écho en 1923. Le « poussah », en russe *vanka-vstanka,* c'est « une figurine extrême-orientale ventrue, un magot, assise les jambes repliées, portée par une demi-sphère lestée qui la ramène à la position verticale lorsqu'on la pousse ». Et le poussah, c'est Dieu, celui qu'on ne cesse de rejeter par-ci, par-là, de détrôner et qui revient toujours à la verticale, qui n'est jamais détrôné. Cet « acteur » réfugié dans le « noir absolu », le rien, est visage sans visage et l'iconoclasme de Malevitch « ne s'exerce que sur l'imago et laisse intact le champ de l'icône comme similitude rigoureusement non initiative » (Martineau). L'on ne soulignera jamais assez, à la suite de Jean-Claude Marcadé, qu'il s'agit ici de la révélation négative de ce qui est la manifestation de ce qui n'apparaît pas. La façon dont le Quadrangle (*Le carré noir*, titre retenu de l'œuvre et en fait un quadrangle, non un carré) était accroché à l'exposition « 0,10 » doit être soulignée : il était accroché à l'angle supérieur du mur comme l'est l'icône centrale du « Beau

1. E. Martineau, *op. cit.*, p. 199.

Coin » *(Krasny Ongol)* dans toutes les maisons orthodoxes. On ne saurait mieux exprimer le caractère iconique du « suprématisme de la peinture », selon le nom donné par Malevitch à son iconostase picturale de « 0,10 ».

Ce quadrangle noir que nous lisons comme visage sans visage marque d'une part le passage d'une esthétique de la comparaison à une esthétique de la comparution, nous sommes soumis au regard invisible de l'œuvre et d'autant plus fondés à lire ce quadrangle noir comme un visage sans visage que la suite de l'œuvre de Malevitch, nous allons le voir, quand il revient à la figuration, est peuplé de visages, *Christ paysan* mais surtout cette *Tête sans visage,* 1918-1932, où, cadrée comme un portrait, une tête elle-même soulignée d'une barbe est sans visage, sans yeux, sans nez, sans bouche, cette figure sera le leitmotiv des dernières années de l'œuvre de Malevitch.

Tout oppose Kandinsky et Malevitch, Malevitch est ce qu'on appelle en russe un *samorodok,* mot qui veut dire pépite et qui désigne tout homme « auteur de sa propre naissance ». Malevitch est le contraire de l'intellectuel aristocrate qu'est Kandinsky.

Malevitch serait né en 1878 ou 1879 à proximité de Kiev, son père est contremaître dans une usine de betterave à sucre. Jusqu'à onze ans il mène la vie des petits paysans ukrainiens. En 1896, sa famille s'installe dans la ville de Koursk en Russie ; c'est là, à l'âge de vingt ans, qu'il commence à peindre ses premières études. En 1901, il se marie avec Kasimira Zgleitz dont il aura deux enfants. Après la mort de son père en 1902, il fait de longs séjours à Moscou où il s'installe en 1905. Jusqu'en 1909, date de son second mariage, sa peinture hésite entre un impressionnisme proche de Monet et l'art nouveau, il expose à plusieurs reprises à « l'Association des artistes de Moscou » où exposent également Kandinsky, Larionov, Gontcharova... Il note déjà : « En dépit de mon attachement à la nature et au naturalisme, les icônes produisirent sur moi une forte impression, elles me faisaient ressentir quelque chose de riche et d'admirable, tout le peuple russe m'apparaissait en elles dans toute son émotion créatrice. »

Parmi les tendances nouvelles qui se manifestent à partir de 1907, Malevitch est frappé par le néo-primitivisme dont Mikhaïl Larionov et sa compagne Natalia Gontcharova sont les figures dominantes ; il participe aux expositions que ces artistes organisent, « Le Valet de carreau », 1910 : « L'Union de la jeunesse », 1912-1913 ; il rompra avec eux en 1913. En moins de quatre ans, de 1911 à 1915, avant le tournant décisif que nous avons brièvement relaté, l'art de Malevitch transite par au moins huit « styles » différents, comme s'il essayait de concilier ce qu'il voit et découvre de la peinture. Notons après le néo-primitivisme et une peinture influencée par Cézanne, le cubo-futurisme (*La femme au seau*, 1912-1913, Museum of Modern Art) et ce qu'il est convenu d'appeler le réalisme transmental (*Tête de jeune paysanne*, 1912-1913, Stedelijk Museum d'Amsterdam), puis l'influence très marquée du cubisme parisien avant d'aboutir en 1914-1915 à l'alogisme de l'*Aviateur* (Musée russe, Leningrad) ou d'un *Anglais à Moscou* (Stedelijk Museum), notons qu'avant le quadrangle noir la dimension protéiforme et expérimentale de l'œuvre ne rencontre à aucun moment l'œuvre figurative, qui lui est contemporaine, de Tatline. L'opposition entre les deux hommes incarne celle entre le suprématisme et le constructivisme. C'est en 1916, précisément, en publiant *Du cubisme et du futurisme au suprématisme,* que s'affirmera sous cette bannière l'expérience métaphysique de Malevitch. Après la révolution de 1917, l'activité de Malevitch est liée à l'enseignement, de 1918 à 1921 à Petrograd, Moscou et Vitebsk, puis de 1921 à 1926 à Petrograd devenue en 1924 Leningrad. En 1920 à Vitebsk, il a organisé une école d'enseignement suprématiste sous le titre de « Ounovis », son constat est le suivant : « Ayant établi les plans déterminés du système suprématiste, j'en confie l'évolution ultérieure, désormais d'ordre architectural, aux jeunes architectes, pris au sens large du terme ; car c'est seulement dans le suprématisme que je vois l'époque d'un nouveau système d'architecture. » S'ensuit une série de projets intitulée « Planites » (*La maison du pilote*, Stedelijk Museum) ou des maquettes en plâtre ou en bois : les « Architectones ». Ce travail de théoricien est interrompu le 15 décembre 1926 à la suite de la fermeture par les autorités de l'Institut national de la culture artistique de Leningrad.

Troels Andersen note : « Grâce à l'intervention des Narkompros 121, Malevitch obtint en 1927 la permission de voyager en Europe avec une exposition personnelle, qui fut accrochée partiellement à Varsovie et plus complètement à Berlin. Malevitch séjourna lui-même à Varsovie du 8 au 28 mars et à Berlin du 29 mars au 5 juin. Il visita le Bauhaus de Dessau, rencontra Gropius et, selon son propre témoignage, aussi Le Corbusier. L'école étant close pour vacances, Malevitch ne passa qu'une journée à Dessau. »[1]

Le onzième cahier du Bauhaus s'intitulera *Die Gegenstandslose Welt* et paraîtra dans une traduction d'Anton von Riesen en 1927 à Munich. Outre ce manuscrit, Malevitch avait laissé en Allemagne les tableaux exposés à la « Grosse Berliner Kunstausstellung ». Longtemps l'œuvre de Malevitch ne fut connue que par ces seules œuvres. Des témoignages concordants portent à croire que Malevitch fut arrêté pour une courte durée à son retour d'Allemagne. Il mourut le 15 mai 1935 d'un cancer à Leningrad.

En 1928 et 1934 Malevitch retrouve la peinture, il laisse plus de cent tableaux. Ce retour à la peinture de chevalet, quasiment abandonnée entre 1919 et 1926, laissant place aux Architectones et aux textes théoriques et philosophiques reste problématique. Retour à l'ordre contraint par l'idéologie ? Nostalgie implicitement polémique ? A moins simplement que cette peinture de chevalet Malevitch ne l'ait jamais vraiment quittée ; c'est à notre sens

1. Malevitch, *Catalogue raisonné of the Berlin exhibition* (Ed. du Musée municipal d'Amsterdam, 1970), p. 13.

plus d'un retour à la figure, pour autant que ces visages sans visages puissent se dire ainsi, dont il est question. A la mort de Malevitch, son élève Souïétine construisit un cercueil peint dans le style suprématiste. Le corps fut transporté à travers Leningrad sur un camion dont le capot était décoré d'un grand carré noir.

IV. — **Mondrian**

De ces trois artistes, Mondrian est celui dont l'œuvre est, inauguralement, le plus explicitement marqué par une dimension spirituelle. Cet œuvre, pourtant, semble également le plus décalé par rapport à son substrat métaphysique. L'origine théosophique de l'œuvre de Mondrian ne cesse de déranger, d'être réfutée, jugée inadéquate par rapport à l'aboutissement formel dont il témoigne. L'écart de fait est grand entre la puissance de l'œuvre de Mondrian, la ligne d'une cohérence jamais compromise, sa concision, sa justesse et le flou de la doctrine théosophique. Et pourtant, Mondrian qui ne gardait presque pas de livres et comme le note Michel Seuphor, n'avait même pas un embryon de bibliothèque dans son atelier, conserva toujours l'ensemble du corpus théosophique. Cela se passe en 1930, Mondrian avait prêté à Seuphor un livre de théosophie (très probablement un ouvrage de Schoenmaekers), il refusa que Seuphor le lui rende alléguant avoir un autre exemplaire. Dans une lettre de 1934, il fait mention des grands initiés. A sa mort à New York, parmi les rares textes qu'il avait conservés on retrouva deux opuscules théosophiques en néerlandais, tous deux publiés avant 1914. Que reste-t-il de cette influence dans l'œuvre à venir après la première tentative de Mondrian pour introduire dans la peinture un contenu théosophique (nous sommes en 1911, deux ans après son adhésion à la Société de théosophie, et il s'agit du triptyque *Evolution,* lequel représente un corps de femme peint sur chacun des trois volets selon des variantes symbolisant les trois états de l'accession spirituelle voulue par la théosophie) ? Il n'avait jusqu'alors peint que des natures mortes, des fleurs, des paysages. En vertu de l'idéal philosophique, ce triptyque affirme élever la peinture au-dessus de la nature. Il est difficile de tirer les fils qui permettraient d'établir une causalité entre l'abstraction à laquelle Mondrian aboutira et la « grande vérité » révélée par la théosophie.

L'œuvre de Mondrian est résolument à rebours de celui de Kandinsky. Il ne cessera de vouloir désimprégner de sens les formes qu'il observe et qu'il consigne, de vouloir les penser et les voir jusqu'à l'asphyxie, au neutre. Là où Kandinsky cherchait à faire retentir la puissance plénière du *Je*, Mondrian n'a de cesse de vouloir le neutraliser. Au-delà de la théosophie, il y a là une angoisse profonde devant le monde mouvant, une crainte devant la dimension insaisissable de la vie, le malaise que l'on sait à la vue du vert. Mondrian se sera peu à peu détourné de la nature, non pas pour se réfugier dans un quelconque imaginaire, mais tout au contraire pour réfuter la puissance du *Je* qui constitue le monde, proposer un art fait non plus pour enseigner à voir de façon subjective et chaque fois différente, mais pour donner forme, contraindre le monde tel que notre émotion nous le livre, réprimer cette émotion, cette inquiétude ou cette peur devant le monde en lui conférant une forme liée à sa reconstruction. Reconstruire le monde, c'est ce que dit l'expression néerlandaise : *Niewe beelding,* que traduit l'allemand *die neue Gestaltung*, improprement traduit en français par néoplasticisme et qui marque bien l'écart entre percevoir, voir et construire. Que l'image ou plutôt la grille où semble se résumer l'art de Mondrian, que ce schème soit premier où apparaît déjà le motif de l'angle droit est incontestable. Il ne s'agit en fait pas d'une abstraction à partir du réel (ce qu'un commentaire tirant Mondrian vers le cubisme voudrait faire croire), ni d'une abstraction qui se réduirait à un procès de simplification cherchant à dégager la structure formelle de l'objet perçu. Mondrian, au contraire, soumet les motifs du monde (ce qui dans le monde est en mouvement) à sa grille, à la dialectique verticale/horizontale. Souvent il choisit ses motifs selon leur co-naturalité à cette grille, ce qui est vrai de la série *Jetée et Océan*, ce qui est vrai de la série des *Façades* ; mais Mondrian s'affronte également à l'arbre, l'élément rebelle par excellence, celui où la nature résiste jusqu'à être contrainte par cet angle du regard que contrarie la nature. Les thèmes de Mondrian, avant le passage à l'abstraction, ne sont jamais choisis au hasard : tour, phare, mer étale, plage, plus tard façade à échafaudage, Mondrian voit selon cette grille, l'abstraction est là avant d'être. L'on a beaucoup commenté « l'influence » des cubistes sur Mondrian, elle est à notre sens majorée et n'a rôle que de catalyseur (rôle du cubisme surévalué en ce qui concerne l'abstraction, à tel point que Greenberg en arrivera à écrire : « Ce fut toutefois après 1920 que le manque d'assise cubiste de Kandinsky dans son traitement de l'espace pictural "abstrait" commença de se révéler indubitablement hasardeux. »[1])

En ce qui concerne Mondrian, il semble même que le langage cubiste ait été utilisé systématiquement à contre emploi. Notons ici quelques exemples : le cubisme s'emploie à concilier des vécus positionnels et des vécus de conscience hétérogènes en un seul espace ; Mondrian, tout au contraire, cherche toujours plus l'assise, la stabilité, l'a-temporalité d'un unique vécu positionnel, d'un vécu de conscience immuable. Point de vue unique et immobilité s'opposent à la logique même du cubisme. Par ailleurs, nous l'avons dit, le cubisme cherche un excès de réalité, dans le collage par exemple, un excès de sens : conférer aux objets par l'entremise de la mémoire une dimension subjective et arbitraire supplémentaire. Mondrian au contraire veut désimprégner de sens les objets qu'il rencontre. Le cubisme travaille sur la dimension haptique de l'œuvre, Mondrian cherchera jusqu'à la fin à éliminer toute trace du travail de la main. La comparai-

1. Clement Greenberg, *Art et culture*, Editions Macula, 1988, p. 125.

son et l'opposition pourraient être poursuivies, Mondrian n'a fait que croiser le cubisme. Comme le rappelle Marcelin Pleynet : « Dans l'essai autobiographique qu'il rédige à la fin de sa vie, Mondrian insiste sur le fait qu'il ne "savait pas grand-chose des modernes". »

L'œuvre de Mondrian, à partir de là, est une variation eidétique où l'on va voir le peintre gommer, effacer, neutraliser du registre de la peinture ses éléments fondateurs : la touche, l'épaisseur, la couleur elle-même jusqu'à ce qu'apparaisse ce que Mondrian semble avoir toujours su, que l'essence de la peinture est l'abstraction. C'est dans cette logique qui veut désimprégner de sens les objets du monde que les symboles mêmes transitant par la théosophie vont perdre leur puissance. Mondrian a commenté cet écart eu égard à la dimension symbolique, à propos d'un des motifs inauguraux de sa peinture : « Je trouve qu'un semblable moulin est réellement très beau. Surtout lorsque, comme à présent, il est si rapproché de nous que la distance manque pour le voir ou le peindre dans le champ d'une perspective normale. De cette distance il est très difficile de rendre la chose vue : il faut avoir recours à un genre d'expression plus libre. J'ai quelquefois, jadis, essayé de peindre les objets d'une distance très courte, justement parce qu'ils paraissaient alors plus grandioses. Pour en revenir à ce moulin-ci, oui, la forme en croix des ailes m'a tout spécialement attiré. Mais comme je vois à la base de toute chose la position d'angle droit, ces ailes ne sont pas pour moi plus belles qu'autre chose. Considérées du point de vue plastique elles ont même quelque chose de défavorable. C'est qu'à la forme régulière de la croix nous lions si facilement une idée particulière, plutôt littéraire. C'est pour cette raison que la nouvelle plastique brise toujours la forme de la croix traditionnelle. »[1]

Il n'y a pas primat d'un objet du monde sur un autre

1. M. Seuphor, *Mondrian*, Flammarion, 1956, p. 322.

objet, ni hiérarchie entre les objets du monde, ce qui prime est la grille qui fait monde.

La désimprégnation de sens passe par une perte de la dimension symbolique, la caution théosophique visiblement, en l'œuvre du moins, éclate.

Lorsque Mondrian réintroduira dans ses toiles la couleur, ce sera de même pour la réduire à ce qu'on peut croire être son essence (nous sommes ici aux antipodes de l'usage de la couleur par Kandinsky). Ainsi par décision, Mondrian ne va user que des couleurs pures : rouge, bleu, jaune dans leur opposition aux non-couleurs : noir, gris et blanc, tout en veillant à séparer absolument ligne et couleur en plages rectangulaires homogènes où l'œil devine à peine, ne doit pas deviner, la trace de la main. Pour Goethe dans sa *Farbenlehre,* comme pour Kandinsky, le rouge devait « s'enfoncer dans l'œil », il était la couleur par excellence de l'*Augenblick.*

Ce que requiert Mondrian est rigoureusement le contraire : échapper à la fascination de la couleur, la contenir dans le champ plastique, que le rouge devienne un rouge commun, un invariant, que ce rouge qui pour Goethe était le moteur de la peinture, soit mis en panne, neutralisé. Comme si ce rouge n'était rien en tant que je l'éprouve ; le mettre en panne, retirer le *Je* qui l'éprouve du rouge en tant que rouge. Obtenir un rouge sans qualité. Rompre avec la signification que Mondrian qualifiait de *tragique* et qui naissait selon lui de la domination d'un élément par un autre, chaque ligne, chaque couleur ne devant signifier qu'intégrée dans une *composition* (il est à noter que ce soit ce même mot dont use Kandinsky).

Le déroulement de l'œuvre de 1919 à 1942 est l'histoire de cet équilibre et de ce silence qui n'est jamais compromis que pour être mieux retrouvé.

L'angoisse devant la vie et la contemplation où le temps s'arrête, où tout bruit s'interrompt, scelle l'œuvre de Mondrian, nous aurons à voir comment dans ses prolongements il peut être pensé comme une utopie. Le monde sans vie ni mort parce que sans temps, sans histoire, de l'abstraction de Mondrian est lié à l'irréductibilité de la puissance de signification de la peinture ramenée à sa limite, à son degré zéro, ce à partir de quoi seulement elle peut être.

Piet Mondrian est né le 7 mars 1872 à Amersfoort. Le père, instituteur en chef, est un calviniste de sévère obédience et pratique le dessin. Piet Mondrian obtiendra deux diplômes de dessin qui l'autorisaient à enseigner dans une école primaire et secondaire. Si le père de Mondrian s'opposa d'abord à ce qu'il poursuive son éducation artistique, c'est parce qu'il craignait pour son fils une position précaire alors que celui-ci serait assuré de revenus réguliers s'il acceptait un poste de maître de dessin dans une école. C'est en 1892 que Mondrian s'inscrivit à l'Académie, ses droits d'inscription furent payés par un mécène, puis il obtint une bourse de la famille royale. Neuf dixièmes des œuvres réalisées avant 1905 et parvenues jusqu'à nous sont des paysages. C'est à partir de 1907 que Mondrian semble se détourner de la démarche picturale qui lui avait été inculquée durant ses années d'apprentissage et lui assurait une position relativement confortable au sein de la société. Lors de l'exposition de Saint-Lucas en 1909, Mondrian présenta un certain nombre d'œuvres qui témoignaient de ce bouleversement. Son oncle Frits Mondriaan, peintre reconnu, marqua violemment sa désapprobation et fit savoir aux critiques qu'il n'avait absolument rien à voir avec son neveu. Mondrian expliqua plus tard ainsi les raisons qui l'avaient poussé à retrancher un A de son nom : « J'ai aussi supprimé le A de mon nom parce que j'étais apparemment un sujet de gêne pour mon oncle en portant le même nom que lui » (lettre de Mondrian à Bremmer du 8 avril 1914).

1908 a été l'année de son premier séjour à Domburg, il y a fait la connaissance de Jan Toorop (1858-1928) et du groupe d'artistes qui travaillait avec lui. Mondrian fait quelques essais de technique divisionniste et des sujets symbolistes apparaissent dans son œuvre. En 1909 il expose quelques tableaux au Stedelijk Museum d'Amsterdam dont *Le nuage rouge*. La critique dans son ensemble est négative. Le 25 mai 1909, Mondrian devient membre de la Société théosophique hollandaise, il conservera toute sa vie le document attestant son inscription. En 1911, le peintre et critique d'art Conrad Kickert, lié dès 1910 avec le milieu artistique parisien, encouragea Mondrian à s'installer à Paris. Il résidera 26, rue du Départ, à partir de mai 1912. Seuphor note que c'est à Paris en 1912, au moment où il change l'orthographe de son nom, que commence la vie du grand peintre. Jugement à tout le moins péremptoire, Mondrian a alors quarante ans. Il est vrai cependant que l'installation 26, rue du Départ, marque le pli essentiel de sa vie ; ses premières expérimentations sur le cubisme aboutissent au très célèbre *Nature morte au pot de gingembre I et II* ; il ne cherche pas à rencontrer Picasso.

En 1914, Mondrian est au chevet de son père quand la déclaration de guerre le surprend en Hollande, il ne repartira pour Paris qu'une fois la guerre terminée. En 1916, à La Haye il fait la connaissance de Bart Van der Leck (1876-1958) qui lui présente Théo Van Doesburg qui projette de fonder une revue d'art. En 1916 et 1917, il compose les dernières toiles à petits traits horizontaux et verticaux, développement ultime de la mer et des échafaudages. 1917 est une année charnière, il peint ses premières compositions à rectangles de couleur pure sur fond blanc, la troisième dimension définitivement réduite, l'œuvre s'installe en elle-même. Mondrian s'en est expliqué dans un entretien avec J.-J. Sweeney : « L'intention du cubisme, au moins au début, était d'exprimer le volume. Ainsi était maintenu l'espace tridimensionnel, c'est-à-dire l'espace naturel. Le cubisme restait donc un mode d'expression fondamentalement naturaliste. Cette volonté des cubistes de représenter des volumes dans l'espace était contraire à ma conception de l'abstraction, qui est fondée sur la croyance que ledit espace doit être détruit. C'est ainsi, pour aboutir à la destruction du volume, que j'en vins à l'usage des plans. »[1] En 1918, Mondrian signe le manifeste publié en novembre dans le nº 2 de la revue *De Stijl*, il continuera à écrire des essais et des articles théoriques. En 1919, de retour à Paris, il s'installe rue de Coulmiers, près de la porte d'Orléans. En 1921 il retrouvera le 26 de la rue du Départ où il loue un atelier, il y restera jusqu'en 1936. En 1924, le dernier article de Mondrian paraît dans le nº 6-7 de *De Stijl*, le peintre cesse de collaborer à la revue se trouvant en désaccord avec Van Doesburg. En 1925, le *Bauhaus* publie sous le titre *Die neue Gestaltung* la traduction allemande d'un texte écrit par Mondrian en 1920 et d'autres articles. En 1926 il peint sa première toile losangique sans couleur, la *Composition en blanc et noir*. En 1938, l'imminence de la guerre le pousse à partir à Londres. En 1940, après les bombardements de Londres, il accepte l'invitation de Harry Holtzman et s'embarque fin septembre pour New York.

L'exclusion de l'histoire, la peur de l'actualité auront rythmé la vie de Mondrian, l'atelier devenant toujours plus le lieu qui le protégeait du monde.

En 1941, il commence la *Composition de New York City* terminée en 1942. La ligne noire disparaît des compositions et laisse place à des lignes rouges, bleues et jaunes. Il commence *Broadway boogie-woogie* en 1942, les lignes sont maintenant composées de séquences rythmiques, de compartiments rouges, jaunes et gris, le noir est exclu. En 1943, il commence *Victory boogie-woogie*, il meurt d'une pneumonie le 1er février 1944.

Seuphor rapporte qu'à New York, âgé de plus de soixante-dix ans, Mondrian qui avait toujours aimé danser, aimait particulièrement cette nouvelle danse, le boogie-woogie : « Mme Stuart Davis, la femme du peintre,

1. *The Museum of Modern Art Bulletin*, 1948.

eut plusieurs fois Mondrian pour cavalier dans je ne sais quel cabaret de nuit. “Il dansait très bien, m’a-t-elle dit, mais il faisait des pas beaucoup trop savants pour moi”. »

En 1930, Mondrian avait écrit : « L’opposition de ce tragique — un sentiment de souffrance sans fin, nous le subissions à l’aube : émotion éprouvée par tout artiste et, en peinture, exprimée par le peintre paysagiste. A l’aube, la nuit domine encore. La lumière faible essaye de la vaincre. On sent l’oppression du déséquilibre nuit-jour, clair-obscur. C’est l’aspiration vers l’équilibre. L’espoir-désespoir. L’absence de certitude. C’est l’attente du plein jour : unité par équivalence de clarté et d’ombre. La nuit : le passé. Plein-jour : l’avenir — l’homme et la nature unifiés. Le présent : l’aube, la fin de la nuit. L’aube : l’évolution. »[1]

V. — **D’autres artistes aux mêmes dates**

L’importance d’un substrat métaphysique dominant la genèse des œuvres de Kandinsky, Malevitch et Mondrian, s’il est un phénomène lié à l’abstraction est aussi un phénomène d’époque. L’exposition qui s’est tenue à Los Angeles en 1986-1987 : *The Spiritual in Art : Abstract Painting 1890-1985 (Le spirituel dans l’art : peinture abstraite, 1890-1935)* en témoigne très largement. Cette exposition décrivait l’abstraction comme directement liée aux intérêts et aux influences spirituelles, mystiques et occultes, soulignant l’influence de l’atelier de Ranson (1864-1909) dont Paul Sérusier fut, parmi les Nabis, l’exemple le plus intéressant de l’ésotérisme fin de siècle. Sur cet ésotérisme fin de siècle se greffe une littérature mystique qui va également donner naissance à certains mouvements ou sociétés occultes dont l’influence se retrouve chez de nombreux artistes. Ainsi, après Kandinsky, Malevitch et Mondrian,

1. *L’atelier de Mondrian. Recherches et dessins*, Editions Macula, 1982, p. 115.

l'exemple de Frantisek Kupka qui, très tôt, fut influencé par le mysticisme et l'occultisme. Selon Robert P. Welsh, la peinture de Kupka est une abstraction transitant presque illustrativement par le symbolique. Il note également que les tableaux d'avant la première guerre mondiale sont dénués de plans horizontaux, ce qu'il associe explicitement à une symbolique théosophique. Kupka écrivait, relatant une de ses expériences mystiques : « Il me semblait que j'observais la terre de l'extérieur. J'étais dans un énorme espace vide et je voyais les planètes rouler lentement. »[1]

Frantisek Kupka est né en 1871. Il s'installe à Prague en 1887, où il s'initie au spiritualisme, suit une formation de peintre à l'Académie de Prague, et s'intéresse à la philosophie allemande. En 1892 il rencontre des théosophes autrichiens et allemands, il devient médium. Il s'installe à Paris en 1896 où il restera jusqu'à sa mort en 1957, il fut enterré par une société secrète dans un endroit voulu secret.

La vague de mysticisme et de spiritualisme ne touche pas seulement les Européens. La génération de peintres américains qui précède celle des expressionnistes abstraits et qui l'influence, voyage en Europe, rencontre des artistes comme Kandinsky ou Kupka, lit Bœhme, Bergson et Kandinsky, ainsi Marsden Hartley (1877-1943) influencé par un autre peintre, Albert Pinkham Ryder (1847-1917), mais aussi Georgia O'Keefe (1887-1986) et Arthur Dove (1880-1946). Ce dernier fera d'ailleurs partie de la Société de théosophie sans jamais en devenir membre. Tous sont influencés par la littérature mystique et par les religions orientales. Mais la lecture de *Du spirituel dans l'art*, dès sa parution, paraît être un point de référence, notamment pour Hartley : « Mes premiers élans vinrent de différentes suggestions tirées du livre de

1. Cité par M. Tuchman, in *The Spiritual in Art : Abstract Painting, 1890-1985*, Los Angeles County Museum of Art, New York, Abbeville Press, 1986, p. 36.

Kandinsky, *Du spirituel dans l'art*. Naturellement je ne peux dire ce que sont ses théories, mais le titre seul m'a ouvert à la sensation — et je suis parti de là. »[1]

L'exemple de l'artiste suédoise Hilma af Klint justifie en effet pour Maurice Tuchman le fait qu'une connaissance des mouvements artistiques n'est pas requise pour arriver à l'abstraction[2]. La première peinture abstraite d'Hilma af Klint, *N° 1*, date de 1906. Procès abstracteur qu'elle développe non pas de façon picturale, mais au cours d'expériences spiritistes. Hilma af Klint est née en Suède le 26 octobre 1862. Elle commence très tôt à étudier la peinture de portrait et intègre en 1882 la Royale Académie de Stockholm. Elle devient portraitiste et paysagiste professionnelle. Parallèlement à cette activité, elle s'intéresse sérieusement au spiritisme et forme un groupe spiritiste en 1890. Par l'intermédiaire de « guides », le groupe fut porté vers le dessin automatique. Son activité professionnelle laissa place à son travail spiritiste qui lui permit d'explorer l'abstraction spirituelle dans l'art, influencée par Blavatsky et Rudolf Steiner. Elle meurt en 1944 sans jamais avoir quitté la Suède. Ses capacités et de telles expériences font d'elle une sorte d'antithèse de Kandinsky, chez qui l'exploration du spirituel dans l'art faisait partie d'un processus conscient.

Un autre peintre, plus connu et plus influent, qui aura connu une activité spirituelle importante parallèlement à son activité artistique, est Johannes Itten. Il enseigna au Bauhaus à partir de 1919, invité par Walter Gropius, insistant auprès de ses étudiants sur la nécessité de pratiquer la méditation avant de travailler. Son aspect — tête rasée, robe de moine — et l'intensité de ses méthodes pédagogiques attiraient ou irritaient les étudiants.

1. Cité par J. Freeman, *op. cit.*, p. 401.
2. Ce seul contre-exemple ne suffit pas à fonder l'ensemble d'une théorie, il est évident que l'attitude de Tuchman, radicalement polémique par rapport à la vision de l'histoire de l'art d'un Alfred Barr, le conduit à majorer l'importance de cette artiste.

Johannes Itten, né en Suisse en 1888, s'installe à Vienne en 1916 et y rencontre Alma Mahler, théosophe depuis 1914. Enseigne au Bauhaus le quitte en 1922. Il meurt en 1967.

On trouverait un tel arrière-fond spirituel chez de nombreux artistes dans cette première période de l'abstraction, et même dans celle qui lui succéda de dix ans dont bien sûr Strzeminski (1893-1952) en Pologne, Jean Arp (1886-1966), Freundlich, pour ne citer que les plus importants.

Chapitre II

L'ABSTRACTION FAIT VENIR AU PREMIER PLAN LA CONSIDÉRATION DU MÉDIUM

Kandinsky, Malevitch et Mondrian sont peintres, l'on pourrait dire peintres-philosophes ; de façon hâtive on lie l'art du XXe siècle, et particulièrement l'abstraction à la fin de l'art. Plus justement il convient de poser la question du médium : dans quelle mesure l'abstraction de Malevitch, Mondrian et Kandinsky achève-t-elle le destin du tableau de chevalet, l'achève-t-elle de l'intérieur sans le récuser ? C'est là, à notre sens, le premier clivage essentiel à l'intérieur de l'abstraction, celui qui divise une abstraction vécue jusqu'au bout comme expérience intérieure, jusqu'à épuiser son médium — le tableau —, et une autre que nous évoquerons, propre à des artistes comme Rodtchenko ou Tatline et qui se concrétisa en mouvements tels le constructivisme ou *De Stijl*, et qui assigne à l'art une autre fonction, se détournant du tableau de chevalet considéré d'emblée comme obsolète, inadéquat, ne répondant plus à cette nouvelle définition de l'art.

I. — La question du tableau

Dans un article publié en 1948 intitulé *La crise du tableau de chevalet*, Clement Greenberg écrivait : « Le tableau de chevalet, tableau amovible que l'on accroche au mur, est un produit unique et propre à la civilisation occidentale ; il n'en existe nulle part de véritable contre-partie. Sa fonction sociale, qui est précisément d'être accroché au mur, en détermine la forme (...) Il découpe dans le mur qui le supporte l'illusion d'une cavité cubique, la constitue en unité et y organise des apparences tridimensionnelles. Mais dès que l'artiste en quête d'un motif décoratif aplatit cette cavité, dès qu'il en organise la couleur selon les données de la planéité et de la frontalité, l'essence du tableau de chevalet — qu'il ne faut pas confondre avec sa qualité — est en passe d'être compromise. » La réduction de la troisième dimension a donc pour Greenberg partie liée avec la mise en cause du tableau de chevalet. C'est, pour lui, parce que Mondrian a peint les tableaux de chevalet les plus plats qu'on puisse voir que le coup qu'il porte au tableau de chevalet est radical. Il y a dans l'intuition de Greenberg une donnée implicite liant l'abstraction (qui puisqu'elle affirme la planéité et la frontalité du tableau, en exclut radicalement la troisième dimension) à la fin de la peinture de chevalet.

Pourtant Kandinsky, Malevitch et Mondrian ne cesseront de considérer le tableau comme le lieu privilégié d'une cosmogonie, d'un faire monde où se contredisent la nécessité de limiter, d' « encadrer » ce monde et l'évolution formelle dans le procès que cela implique.

Les tentatives de Kandinsky, Malevitch et Mondrian auront exploré aussi loin que possible le tableau le rendant à sa planéité originaire, mais n'en seront pas sorties.

1. **Kandinsky.** — C'est dans sa théorie et plus spécialement dans *Point. Ligne. Plan* que l'attachement de Kandinsky au tableau de chevalet est étrangement le plus explicite.

Inauguralement la toile blanche, « vierge », est le lieu de cet affrontement où l'œuvre doit avoir lieu : « D'abord elle est là, comme une vierge pure et chaste au regard clair, à la joie céleste, cette toile pure qui est elle-même aussi *belle* qu'un tableau (...) Chaque œuvre naît, du point de vue technique, exactement comme naquit le cosmos... »[1]

La théorie de Kandinsky va, à partir de là, se développer comme une théorie des éléments. Les éléments de base étant la couleur d'une part et les formes au sens étroit, les formes graphiques de l'autre à savoir le point, la ligne, le plan ; le plan et notamment le plan originel à quoi il faut adjoindre la matière du support. Cette enquête reconduit à l'essence de la chose, pour Kandinsky l'essence de l'élément pictural devenant le contenu abstrait même. Kandinsky prend comme point de départ, pour mieux ancrer sa démonstration, un élément qui n'est pas expressément pictural : la lettre de l'alphabet. La lettre est d'abord le signe qui désigne un certain son — un phonème. Tel ensemble organisé de signes constitue un mot, lequel a également son équivalent sonore. L'hypothèse est inauguralement, dans une logique d'*époché* au sens rigoureusement phénoménologique du mot, de suspendre la finalité langagière de la lettre ; que celle-ci se réduise à sa forme picturale. L'événement qui se produit alors en présence de cette lettre, qui vient d'être dessaisie de sa fonction, implique que le spectateur éprouve un sentiment différent de celui qui était le sien devant la lettre ordinaire.

La modification qui conduit de la tonalité éprouvée devant le signe linguistique a cédé devant la forme de ce signe aperçue pour elle-même. Cette expérience nous la faisons devant les signes d'un alphabet que nous ne connaissons pas (le mot hiéroglyphe, cher au monde de Kandinsky, pèse d'un sens d'autant plus lourd ainsi finalisé). Ainsi donc, pour Kandinsky tout élément sera double, extérieur et intérieur à la fois, apparence et apparition (une apparition déprise de l'intentionnalité qui constituait l'apparence).

Dans le système qui se met en place, *extérieurement*

1. W. Kandinsky, *Regards sur le passé*, *op. cit.*, p. 115.

toute forme est un élément, *intérieurement* elle n'est plus cette forme mais la tension qui constitue l'élément. Cette tension est ce qui fait que ce qui apparaît à partir de l'apparence, apparaît. Comment ne pas songer à l'épisode du tableau sur le côté précédemment cité ?

L'extériorité pour Kandinsky sera la réalité objective du monde, l'ensemble des significations qui définit dans le cas d'une perception ordinaire l'univers des objets (dans le cadre de la perception linguistique, les lettres et les mots tels qu'ils sont régis par leur visée sémantique).

Dans la logique kandinskienne, l'on aura compris que « spirituel » vaut pour l'invisible de ce visible communément admis, pour l'intérieur d'une telle extériorité. Pour Kandinsky donc, tout élément est double, et c'est d'ailleurs ce caractère de double qui va diviser idéologiquement, esthétiquement, politiquement les hommes.

« Son acceptation ou son refus ne divise pas seulement les artistes contemporains, mais aussi tous les hommes de notre époque en deux catégories opposées. Ceux qui admettent le non matériel ou le spirituel en dehors des concepts matériels, ceux qui ne veulent rien admettre qui ne soit matériel. »[1]

Dans cette dialectique extérieur/intérieur, l'on peut comprendre le mouvement propre de l'abstraction kandinskienne, celui-ci coïncide avec le dévoilement de la picturalité.

A partir de ce premier exemple, ce rapport au double va jouer systématiquement et Kandinsky multiplier les exemples, rétrécir leur champ sémantique, aller de la lettre vers le point. Mouvement régi par la volonté d'élimination de l'objet et des significations objectives qui le constituent dans cette volonté de dévoilement (*Point. Ligne. Plan*, p. 61) : « Dans le premier cas l'art figuratif, la sonorité de l'élément "en soi" est voilé et refoulé. Dans l'art abstrait la sonorité est pleine et dévoilée. »

1. W. Kandinsky, *Point. Ligne. Plan*, traduction Suzanne et Jean Leppien, Denoël/Gonthier, 1970, p. 41.

Cette dimension d'anamorphose, de montée à la forme, « de vision », apparaissait déjà dans *Du spirituel dans l'art* (p. 157) : « Involontairement on s'arrête, frappé comme par une vision, la vision d'existence appartenant à un autre plan. » Ce plan fait coïncider sémantiquement l'écran où la vision qui se projette se projette, et la réalité à venir que Kandinsky va définir : le plan originel. Pour ce faire, dans *Point. Ligne. Plan*, texte qui date le passage du dynamisme de la première période, lyrique ou sismographique, aux compositions que constituent des équilibres, Kandinsky inventorie, pour mieux « cadrer » la notion de plan, les éléments les plus simples du lexique pictural. Ainsi la plus petite forme de base : le point, la concision absolue, « l'ultime union du silence et de la parole ». Le même pli de la pensée guide Kandinsky du tableau sur le côté à la lettre vers le point. Le point est saisi dans sa fonction propre à l'écriture comme signe extérieur, l'écriture lui fait perdre ce qu'il est « picturalement ». Kandinsky vise à dévoiler l'essence du point, lui redonner sa résonance originelle, lui rendre sa charge de présence. Là encore, il convient de l'arracher à son contexte pratique habituel, le « sortir » de la fonction qu'il assume dans la phrase. Le point, ainsi isolé, est le terme essentiel où s'arrime le *Je*, l'instance originaire de l'*époché* : « Aucune tendance de mouvement dans quelque direction que ce soit, ni horizontalement, ni verticalement. Il n'avance pas il ne recule pas. »[1]

La ligne sera la tension du point. Le point poussé dans la direction que lui imprime la force nouvelle qui s'exerce sur lui — direction qui demeure la même aussi longtemps que cette force ne change pas — c'est la ligne. La ligne, chez Kandinsky, est avant tout mouvement, quand elle sera au contraire pour Mondrian l'essence même de l'immobilité.

Le mouvement de la ligne autorise dans le système de

1. W. Kandinsky, *Point. Ligne. Plan*, *op. cit.*, p. 40.

Kandinsky une analyse plus aiguë de la force. Cette notion de force permet à Kandinsky de dessaisir la ligne, non seulement du rapport à la *mimésis* mais de tout rapport extérieur à ce dont elle serait la ligne. Elle est le lieu de la coprésence d'une affection (auto-affection) et d'une forme. En d'autres termes il n'est plus question que la ligne soit la ligne de..., elle est.

Parmi les variations que l'on pourra faire subir à une forme linéaire, il en est une qui est celle de son épaisseur, elle reconduit au problème de la limite que Kandinsky avait déjà rencontré à propos du point. L'épaississement de la ligne lui confère l'apparence d'une surface, certes minimale, tandis que considérée en longueur elle demeure une ligne avec son dynamisme propre. Ainsi deux sonorités, celles de la ligne et celle du plan, se superposent-elles. Dès lors, les rapports qui s'instituent entre ces sonorités deviennent ceux de la *composition* que Kandinsky considérera comme la question cruciale de la peinture abstraite. Le plan en est la condition. Kandinsky décline les fondements du plan par délimitation d'une portion d'espace par toute ligne, puis épaississement d'une forme linéaire, etc. Puis, distinguant trois espèces fondamentales de lignes : horizontales, verticales et diagonales, Kandinsky définira le plan originel.

Il est à noter que le recours à l'horizontale et à la verticale définit essentiellement par sa délimitation la cosmogonie kandinskienne. Alors que pour Mondrian l'horizontale et la verticale seront les termes mêmes de cette cosmogonie, n'ayant de cesse d'outrepasser, de déporter les limites que le tableau leur impartit, pour Kandinsky, nous allons le voir, l'horizontale et la verticale, en tant qu'elles fondent le plan originel, coïncident, sont coprésentes au tableau ; pour Mondrian elles sont les termes qui le compromettent, exportent la définition de l'espace hors dudit tableau.

Pour Kandinsky l'horizontale correspond à une dimension primordiale de l'existence, celle du sol sur lequel l'homme se tient, « une base de soutien froide pouvant continuer dans toutes les directions (...) La forme la plus concise de l'infinité des possibilités de mouvements froids ; à celle-ci s'oppose la verticale qui n'offre plus à l'homme aucun point d'appui, la forme plus concise de l'infinité des mouvements chauds »[1]. (Il est intéressant de confronter l'arrière-plan symbolique définitionnel propre à Kandinsky à celui de Mondrian.)

Passant sur la diagonale, mixte des deux, Kandinsky définit le plan originel comme n'étant ni un cercle, ni un triangle, mais bien ce rectangle né de l'alliance de l'horizontale et de la verticale. Il est saisissant que Kandinsky théoriquement produise le plan originel comme condition de la peinture dans une si évidente analogie avec l'espace ontique de la toile, comme s'il venait de donner au tableau de chevalet sa légitimité théorique au sein d'une époque conspirant à le démettre de son pouvoir.

La vie silencieuse du plan originel ne se confond-elle pas avec la virginité de la toile ? Au-delà, il apparaît que c'est le contenu abstrait du plan originel qui explique la préférence accordée à tel format pour tel sujet particulier. Il n'y a donc pas adéquation au sens formel du plan originel au format, mais détermination du format par le plan originel. Le plan originel étant l'invisible qui préside au format, et en y présidant le confirme.

Empiriquement, l'on peut constater que la « vision » inaugurale de la toile sur le côté procède d'une modification du plan originel. Cette définition du plan originel, en même temps qu'elle consolide le tableau de chevalet comme *topos* d'une cosmogonie, ouvre à une eidétique de la peinture, propose que l'essence même de la peinture soit abstraite. Le plan originel « accuse » la planéité de la toile, récuse que le tableau soit cette fenêtre ouverte sur le monde en récusant la troisième dimension. Mais encore, le plan originel reprend la dialectique intérieur/extérieur en ce qu'il est structure originaire intérieure, il modifie la

1. W. Kandinsky, *Point. Ligne. Plan*, *op. cit.*, p. 67.

tonalité de tel ou tel élément selon sa situation dans son espace comme structure extérieure, peu importerait à tel ou tel élément d'être situé en haut, à droite ou à gauche de cette délimitation. Ainsi donc, l'on peut dire que la dimension extérieure est le tableau de chevalet en tant qu'étant, la dimension intérieure le tableau en tant qu'assujetti à la logique du plan originel. Originairement donc, le plan originel est l'otage du tableau avant que systématiquement le tableau ne devienne l'otage du plan originel ; le plan originel étant devenu sa condition. Kandinsky ne sortira jamais de cette logique, ce serait un faux sens que de lire le tropisme d'art monumental qui aura obsédé Kandinsky comme autre chose que le report de cette logique à l'espace de la composition murale ainsi qu'en témoignent les premières esquisses pour *Tableaux d'une exposition* de Moussorgsky, 1928, ou la maquette de panneaux pour l'exposition de la Juryfreie, 1922.

2. **Malevitch.** — Il est peut-être réducteur de lire l'affrontement du suprématisme de Malevitch au constructivisme tel ce refus d'abdiquer une dimension de l'art, de l'inféoder aux arts appliqués ou à toutes formes d'art déterminées par l'idéologie. Nous avons pu voir que les Architectones de Malevitch, autant que ses écrits théoriques procédaient d'un point de non-retour de la peinture, jusque dans son expression ultime, cet *analogon* d'icône que représente le quadrangle noir.

Qu'il existe une forme d'art appliqué dit suprématisme entre 1918 et 1925 ne fait que déporter la question. Que Malevitch ait dessiné et conçu en 1923 tasses et théières qui sont présentées, dans les monographies qu'on lui consacre, à égalité d'images avec le quadrangle noir ou les visages sans visages des dernières années n'y change rien. A l'intérieur du tableau s'écrit à la fois l'aporie qui lui interdit de pousser sa logique au-delà de sa propre négation, ainsi l'avouent l'interruption qui, consciente de cette aporie et soumise à la pression de l'idéologie et du politique, le tourne sans conviction réelle vers les arts appliqués, et également le retour à ce même tableau de chevalet, synonyme cette fois sinon d'un retour à l'ordre, du moins d'un retour à la figure, pour autant qu'on puisse dire figures ces visages sans visages des années 30 dont nous parlions. Le retour au tableau de chevalet après 1927 est trop explicite pour que l'on ne considère pas les projets d'art appliqué peu nombreux de Malevitch comme une parenthèse, ce que corrobore la divergence de fond qui l'opposa sans trêve aux constructivistes. Que le tableau de chevalet soit après 1927 la forme du renoncement, un constat nostalgique et désespéré ou au contraire le prolongement d'une quête que le suprématisme du quadrangle noir avait mené trop loin pour ne pas faire retour, importe peu.

Malevitch ne se séparera essentiellement pas du tableau de chevalet. Il y a entre les quadrangles noirs (*Carré noir* de 1920, *Carré noir* de 1929) et la *Tête noire marquée de la croix*, dessin de 1930, une analogie trop grande, une similitude trop profonde pour que cela soit remis en question. Plus qu'un retour à l'ordre, même si on peut l'interpréter ainsi, le recours au tableau de chevalet reste pour Malevitch le lieu métaphysique d'une résistance à la liquidation de l'art que voulaient les constructivistes.

3. **Mondrian.** — Mondrian est celui des trois peintres qui rend le plus visiblement complexe la question du tableau de chevalet. L'atelier, lieu clos expérimental par excellence, excluant l'histoire à tout le moins, est le *topos* où la question du tableau se pose sans trêve. L'atelier est l'expérimentation en soi d'un œuvre au-delà du tableau, mais qui conserve celui-ci comme centre problématique plus que comme simple élément constituant. S'il y a dépassement du tableau de chevalet, c'est bien dans l'atelier de Mondrian, illustration parfaite d'une telle *Aufhebung*, dépassement conservant le dépassé comme dépassé intériorisé. Tout se passe comme si la troisième dimension ostracisée du tableau par Mondrian trouvait dans l'atelier son écho. Voulu ou non, l'atelier de Mondrian à partir de

l'installation 26, rue du Départ, a fonction d'œuvre, œuvre « construite », « bâtie » d'autant d'œuvres qui s'y trouvent, tributaire des éléments modifiables que les œuvres comprennent.

Il faut accorder à l'atelier ce statut d'œuvre pour autant que l'œuvre qu'il est est chaque fois en liberté conditionnelle. Conditionné par la structure du mur où les œuvres s'équilibrent, ou du mur où les rectangles ou carrés de couleur, punaisés, permutent conspirant à cet équilibre ; conditionné par le tableau lui-même comme œuvre, soumis aux mêmes lois d'équilibre (l'exubérance d'une couleur qui doit, à l'intérieur du tableau, être neutralisée) ; conditionné enfin par chaque élément compositionnel dont le dessin ultime est d' « œuvrer » à l'équilibre néoplasticiste dont l'atelier devra être le lieu par excellence.

Et pourtant, de nombreux témoignages nous le confirment, au centre de cet atelier demeure un chevalet, ultime pièce à conviction de cet œuvre qui se voulut la fin de la peinture de chevalet. Ne nous égarons pas, ce chevalet est l'élément qui isole telle œuvre et non pas qui permet la production de l'œuvre. Il est (le chevalet) littéralement et phénoménologiquement le lieu de la « réduction » de l'œuvre (sa neutralisation), alors qu'il était, dans toute la tradition, l'autre du sujet peignant, son prolongement, son outil, sa réduction *à* l'œuvre.

Le tableau que Mondrian montre, présente sur le chevalet, n'y est pas exécuté (là encore les témoignages convergent, Mondrian travaillait sur une table, « à plat », jamais frontalement, le tableau est le lieu avéré de la modification du vécu positionnel). La plupart des photos désignent ce chevalet au milieu de l'atelier, le saisissent comme portant un tableau losangique, carré sur sa pointe, présenté mais non exécuté sur ledit chevalet.

Le correspondant d'un journal hollandais qui rendit visite à Mondrian en 1920, pose avec pertinence cette question : « Comment le peintre pense-t-il pouvoir encadrer, limiter, placer dans un intérieur son œuvre qui par elle-même semble si ouverte ? Car n'en a-t-on pas fini avec la peinture de chevalet ? Mondrian n'a plus à répondre à cette question : l'atelier parle pour lui. Les murs de cette pièce de proportions agréables sont en effet subdivisés par des toiles vierges ou peintes de couleurs primaires, de sorte que chaque mur forme en lui-même comme un tableau géométrique agrandi plusieurs fois. Le but de Mondrian est donc visiblement d'être le complément de l'architecte en ravivant ses surfaces monotones (...) N'est-il pas regrettable de rompre un mur monumental par un décor de petits rectangles ? Non, car il intégrera autant que possible l'ouverture des portes et fenêtres dans sa composition. »

Nous l'avons vu, de 1921 à 1936, Mondrian vécut au 26 de la rue du Départ, la structure de l'atelier était dichotomisée et séparée par un sas, une partie restreinte pour les fonctions quotidiennes de l'existence, l'autre pour l'œuvre.

Dans le trialogue intitulé *Réalité naturelle et réalité abstraite*, publié dans la revue *De Stijl* entre 1919 et 1920 qui mettait en scène une conversation entre Y (un amateur de peinture), X (un peintre naturaliste) et Z (le peintre abstrait réaliste ou adepte du néo-plasticisme), à la question posée par Y : « Mais si le mur en face duquel vous travaillez était lui aussi traité de la sorte, les couleurs ne vous gêneraient-elles pas ? », Mondrian faisait répondre par Z : « Le chevalet est placé juste devant la grande armoire qui avance dans l'atelier. Celle-ci devrait être peinte, ici, dans une couleur neutre, le gris par exemple, et ainsi le problème serait résolu. Mais le problème serait encore bien mieux résolu en ne faisant plus de tableaux de chevalet. Si les personnes sympathisantes laissaient composer leurs intérieurs selon la Nouvelle Plastique, la peinture de chevalet pourrait progressivement disparaître. Et la Nouvelle Plastique serait, de la sorte, bien plus réellement vivante autour de nous. Dans l'exécution, faire un tableau ou peindre une chambre sont choses également difficiles. »[1]

1. M. Seuphor, *Mondrian, op. cit.*, p. 338.

Seuphor donne de l'atelier une description quasiment contemporaine, nous sommes en avril 1923 : « Une fois cette porte franchie, on se trouvait dans une petite pièce moitié chambre à coucher, moitié cuisine. Devant une fenêtre qui donnait sur la cour, Mondrian avait son réchaud à gaz et, tout autour, à portée de la main, un attirail de cuisine et quelques étroites étagères pour les provisions. Mais le visiteur ne voyait généralement rien de tout cela : un habile système de rideaux formant un couloir le dirigeait vers l'atelier auquel on accédait après avoir monté, dans l'obscurité, cinq ou six marches. Alors tout changeait. C'était une assez grande pièce, très claire et très haute de plafond, que Mondrian avait irrégulièrement divisée, utilisant à cette fin une grande armoire peinte en noir, elle-même partiellement masquée par un chevalet hors d'usage couvert de grands cartons rouges, gris et blancs. Un autre chevalet était placé contre le grand mur du fond, lequel changeait souvent d'aspect, Mondrian exerçant sur lui sa virtuosité néo-plastique. Ce second chevalet était entièrement peint en blanc et ne servait habituellement que pour la montre des toiles achevées. Le lieu réel de travail était la table. Elle se trouvait devant la grande fenêtre qui donnait sur la rue du Départ (...) Il y avait deux larges fauteuils en osier également peints en blanc et sur le plancher soigneusement entretenu, deux petits tapis, l'un rouge, l'autre gris. Tel était l'atelier où Mondrian vécut treize ans, où tant de gens lui ont rendu visite. »

C'est en fait sur une table, en face d'une autre partie du mur et non d'évidence sous la fenêtre donnant rue du Départ comme le suggère Seuphor, que Mondrian peignait (les photographies de l'époque le montrent, mais aussi, en toute logique, l'évidence que Mondrian ne pouvait peindre en regardant au dehors, confronté à l'ouvert d'une fenêtre).

Cet atelier rue du Départ fut visité entre autres par César Domela et Jean Gorin, par Felix Del Marle. L'atelier de New York marqua une génération d'artistes. Cet atelier, qu'il fût à New York, à Londres ou rue du

Départ, avait été le lieu expérimental où le tableau de chevalet, intégré dans son environnement néo-plasticiste, avait été poussé au plus loin de ses « limites » (bien autres, comme le croit Greenberg, que la stricte planéité ou bi-dimensionnalité de l'œuvre). Mais le chevalet restait (chevalet peint, c'est-à-dire intégré à l'univers néo-plasticiste mais aussi son ombre, son double, chevalet non peint comme l'écrit Seuphor) comme le témoin dédoublé d'un dépassement qui n'avait pu avoir autrement qu'idéellement lieu.

II. — Une fin du tableau, vers les arts appliqués

1. **De Stijl.** — Dans un texte intitulé *Le home, la rue, la cité*, de 1926, Mondrian écrivait : « J'ai toujours combattu ce qui est individuel dans l'homme et tâché de démontrer la valeur de voir universellement, mais il ne faudrait pas en conclure que je suis partisan du collectivisme général en ce qui concerne l'époque présente. »[1]

Le premier manifeste de la revue *De Stijl* publié en 1918 mentionnait : « Il y a deux connaissances des temps : une ancienne et une nouvelle. L'ancienne se dirige vers l'individualisme. La nouvelle se dirige vers l'universel. Le débat de l'individualisme contre l'universel se révèle autant dans la guerre que dans l'art de notre époque. »

Théo Van Doesburg est né en 1883 en Hollande, il est le fondateur de la revue et du mouvement *De Stijl*. Profondément marqué par l'esprit de Mondrian il s'en distinguera non seulement dans ses recherches propres mais aussi dans l'inflexion même qu'il donnera au mouvement. L'artiste Van Doesburg n'a pas l'importance de l'homme public, de l'organisateur, du propagandiste. Son essai *Classique, baroque, moderne* écrit en 1920 deviendra une

1. *L'atelier de Mondrian. Recherches et dessins*, Editions Macula, 1982, p. 65.

des publications du Bauhaus. Il est l'auteur de très nombreux textes dans les revues d'avant-garde de l'époque sous son propre nom ou encore sous les pseudonymes I. K. Bonset et Aldo Canini. L'idée de collaborer avec l'architecture sera immédiate chez lui, immédiate la volonté de transposer les idées du néo-plasticisme dans l'espace en élaborant des maquettes d'architecture qu'il met au point dans son atelier de Clamart. Son *Projet de maison particulière* présenté en 1923 à Paris, dans l'exposition « Les Architectes du groupe *De Stijl* » à la galerie l'Effort moderne de Léonce Rosenberg, est constitué de plans horizontaux et verticaux, disposés dans les trois dimensions et polychromes, dont les assemblages construisent des volumes. C'est en 1924 que Van Doesburg s'écartera des idées de Mondrian en créant ses « Contre-compositions » qui rétablissent une dynamique et vont donner naissance à ce que Van Doesburg appellera l'« élémentarisme » dont le manifeste sera publié en 1927 : « L'élémentarisme est d'une part une réaction contre les applications trop dogmatiques et souvent trop étroites du néo-plasticisme, d'autre part, une conséquence du néo-plasticisme même, enfin et surtout il veut être une rectification sévère des idées néo-plastiques... La contre-composition élémentaire (anti-statique) ajoute une nouvelle dimension à la composition orthogonale et périmétrique. Par là il résout réellement l'opposition horizontale et verticale. Introduction des surfaces inclinées, de surfaces dissonantes en opposition à la pesanteur et à la structure statique architectonique. Dans la contre-composition, l'équilibre et la surface plane ne jouent qu'un rôle de moindre importance. Toute surface forme une partie de l'espace périmétrique et la construction doit être considérée plutôt comme un phénomène de tension que comme un phénomène de rapport de surface. »

La réalisation principale de Van Doesburg dans le domaine de l'architecture fut le Complexe de l'*Aubette* (Brasserie. Cinéma. Dancing) à Strasbourg qu'il réalisa en collaboration avec Jean Arp et Sophie Taueber-Arp ; le chantier fut achevé en 1928. Par cette réalisation le néo-plasticisme sortait de l'atelier, sortait du tableau, s'exportait en quelque manière dans la vie quotidienne comme l'aurait voulu sans jamais pouvoir le mettre en œuvre Mondrian.

Le décor de l'*Aubette* fut modifié dès les années 30 ; le « Décor de l'*Aubette* » reste pourtant d'une certaine façon, pour Van Doesburg, « peinture », il écrivait : « La peinture spatio-temporelle du xxe siècle avec ses possibilités plastiques, de structuration, permet à l'artiste de réaliser le rêve de placer l'homme non devant la peinture mais dans la peinture elle-même. »[1]

La troisième dimension, exclue par le néo-plasticisme, celle que la perspective illusionniste avait imaginairement postulé, se trouvait concrètement vécue, exportée hors du tableau dans l'espace réel d'un déplacement. Sergio Polano interprète la tentative de l'*Aubette* comme mettant en évidence silencieusement une histoire privée : celle de l'activité artistique de Van Doesburg. L'expérience « monumentale » devenant dans l'*Aubette* citation de soi-même et de son propre univers intérieur[2]. Van Doesburg d'ailleurs après cette expérience en arriva à une négation de ses positions initiales sur le rapport peinture-architecture, « l'architecture doit être neutre, non figurative et en tout cas sans adjonction de moyens picturaux », projet qu'il essaya de mettre en pratique dans la réalisation de sa propre maison à Meudon.

L'application la plus évidente des principes formels de *De Stijl* fut la *Maison Rietveld-Schröder*. Projetée en 1924 et bâtie la même année à Utrecht, elle ne fut pas cependant, comme l'auraient voulu les idéaux de *De Stijl*, construite en béton armé, mais presque exclusivement en matériaux traditionnels. Rietveld conçut la maison à par-

1. Contrairement à ce qu'écrit Dora Vallier, le décor de l'*Aubette* n'a pas été totalement détruit, il est en cours de restauration.

2. *Théo Van Doesburg*, sous la direction de Serge Lemoine, Ed. Philippe Sers, 1990, p. 131.

tir de sa fonction intérieure, de l'emplacement des meubles, réalisa une maquette, et c'est seulement après la phase des premières esquisses à l'échelle qu'il réalisa les projections pour le plan exact. La structure qui définit les accents horizontaux et verticaux est accusée par les poutres en fer des piliers et des maîtresses poutres, ainsi que par les gouttières, elles sont peintes en blanc, noir, gris, rouge et jaune. Au contraire de l'*Aubette* qui « plaque » un décor dans une structure (même si les meubles et tout autre agencement étaient pensés en même temps), dans la maison Rietveld-Schröder il y a une véritable co-naturalité de l'espace aux idées et au style que professait *De Stijl.*

Lors de sa fondation, *De Stijl* groupait, hormis Mondrian et Van Doesburg, le Hollandais Bart Van der Leck, le Hongrois Wilmos Huszar (1884-1960) et le sculpteur belge Georges Vantongerloo (1886-1965), mais également les trois architectes hollandais J. J. P. Oud, Jan Wils et R. van't Hoff.

En 1921 et 1922, Van Doesburg fit des séjours occasionnels à Weimar, s'efforçant d'intervenir dans la vie artistique et quotidienne du Bauhaus. On a en mémoire la fameuse carte postale adressée à Anthony Kok sur laquelle il avait couvert tous les murs du Bauhaus de l'inscription *De Stijl.*

En 1929, Van Doesburg avait publié le manifeste de l'*Art concret* avec Carlsund, Hélion, Tutundjian et Wantz. Il mourut en 1931 à Davos.

2. **Le Bauhaus**. — On a à plusieurs reprises noté le rôle d'éditeur du Bauhaus (pour Kandinsky, Malevitch et Mondrian, Van Doesburg). Au centre de la vie artistique de ces années, le Bauhaus fut la première école d'art réformée après la guerre à ouvrir ses portes dans la nouvelle république. L'élève devait y suivre une formation d'artisan, de dessinateur et de scientifique. Walter Gropius (1883-1969) conférait un but supérieur à cette école : la construction édifiée en commun à laquelle tous devaient contribuer au moyen de l'artisanat. Au lieu des profes-

seurs habituels, des maîtres devaient diriger la formation, les élèves s'appelaient apprentis, pouvaient devenir compagnons et jeunes maîtres. Un maître artisan et un maître de la forme devaient suivre simultanément les élèves. Ainsi, préjugeait Gropius, « l'orgueilleux mur entre les artistes et les artisans tombera », la nouvelle construction de l'avenir pourra avoir lieu. Paradoxal est que cette école qui fut successivement dirigée par trois des architectes déterminants du XXe siècle et dont l'architecture et l'esthétique industrielle restèrent deux préoccupations essentielles, fit appel en tant que maîtres à des peintres. Gropius partait du fait que « depuis le début du siècle la peinture dominait les autres arts et qu'elle avait créé une esthétique nouvelle qui fournissait les principes d'une architecture nouvelle »[1].

Au cours de la première année Gropius nomma les peintre Johannes Itten et Lyonel Feininger et le sculpteur Gerhard Marcks. En 1920, le conseil de maîtrise décida de nommer Paul Klee et Oskar Schlemmer ; en 1921, Lothar Schreyer arriva au Bauhaus, artiste célèbre de la Galerie Der Sturm, il devait édifier une section théâtrale, en 1922, ce fut Kandinsky. En moins de trois ans, Gropius avait attiré au Bauhaus un cercle d'artistes d'avant-garde qui s'attachèrent à des tâches n'ayant *a priori* pas de rapport avec leur propre préoccupation, la peinture. Le modèle de formation bipolaire était inauguralement essentiel, l'enseignement parallèle auprès d'un artiste et d'un artisan était déterminant : « Il était nécessaire de travailler sous la direction de deux professeurs différents, car il n'y avait ni artisans ayant suffisamment de fantaisie pour maîtriser des problèmes artistiques, ni artistes possédant suffisamment de connaissances techniques pour travailler comme chefs d'atelier. Il fallut tout d'abord former une nouvelle génération capable d'allier ces deux qualités », notait Walter Gropius.

1. Ludwig Grote, *Walter Gropius et le Bauhaus*, cité par Marcelin Pleynet, *Système de la peinture*, *op. cit.*, p. 152.

Gropius s'efforça à plusieurs reprises de monter une section d'architecture au Bauhaus de Weimar sans y parvenir. Le Bauhaus avait reçu en 1920 une parcelle de terrain sur laquelle Gropius projeta de l'installer. Les travaux de planification furent poursuivis les années suivantes. En 1923, à l'occasion de la première grande exposition du Bauhaus, on montra des maquettes pour des maisons de lotissements et des maisons types. Seule une maison modèle put être réellement édifiée.

Le conflit entre Itten et Gropius marque un tournant du Bauhaus : « Maître Itten exigea récemment entre nous que l'on se décide, ou à faire des travaux individuels tout à fait en opposition avec le monde extérieur économique, ou bien à chercher à se rapprocher de l'industrie. » Gropius était d'avis contraire : « Le Bauhaus sous sa forme actuelle tient ou tombe selon que l'on dit oui ou non à la nécessité de la commande. »

Le Bauhaus, on l'a vu, accueillit le néo-plasticisme mais aussi le constructivisme dont l'influence s'exerça d'une part par l'intermédiaire d'El Lissitsky, mais surtout par la présence du Hongrois Lazlo Moholy-Nagy (1895-1946) qui enseignera au Bauhaus à partir de 1922 et sera chargé de diriger la célèbre collection des *Bauhausbücher*. Le résultat des élections du 10 février 1924 en Thuringe fut décisif pour le destin politique du Bauhaus. Les partis conservateurs de droite qui réclamaient depuis longtemps sa fermeture parce qu'ils y voyaient des tendances communistes, eurent gain de cause. En mars 1924 on fit savoir à Gropius qu'il serait probablement révoqué. Les maîtres du Bauhaus firent collectivement savoir qu'ils « accusaient le gouvernement de Thuringe d'avoir permis et contribué à ce que le travail culturel pratique et toujours a-politique du Bauhaus soit détruit par les intrigues des partis politiques ».

Ils résilièrent leur contrat, mais la réputation du Bauhaus était telle que plusieurs villes firent des offres et des suggestions pour continuer le travail du Bauhaus. Celle de Dessau fut retenue : « La ville de Dessau a accordé la construction d'un bâtiment commun pour le nouveau Bauhaus et pour L'Ecole des Arts décoratifs et de l'artisanat déjà existante qui a été en même temps subordonnée à la direction du Bauhaus ainsi que la construction de maisons individuelles et d'un atelier pour les étudiants. »

A partir de cette date, l'histoire du Bauhaus se confond avec celle toujours plus affirmée de l'assujettissement de l'art aux arts appliqués et à la production. Hannes Meyer, qui remplaça Gropius, avait comme dessein de créer un petit nombre de produits « standards », accessibles à de larges couches de population et entrant dans la vie quotidienne comme produits anonymes. Avec Mies Van der Rohe, le Bauhaus devint explicitement une école d'architecture. L'on mesure le passage et l'écart entre le projet abstrait de certains artistes qui professèrent au Bauhaus et leur écho dans la production, ainsi il est surprenant de mettre en parallèle tel tableau de Klee (1879-1940) de 1929, *Champs mesurés* ou *Mesures individualisées des couches,* et tel projet pour une couverture de chaise longue réalisé la même année par Lena Meyer-Berjner. L'abstraction s'était déplacée dans la vie quotidienne. L'histoire du Bauhaus pourrait se confondre avec celle de ce déplacement.

Klee consignait : « Son progrès, à celui qui étudie, dans l'observation et la vision de la nature le fait accéder peu à peu à une vision philosophique de l'univers qui lui permet de créer librement des formes abstraites » *(Voies diverses dans l'étude de la nature).* Il est notable que les tentatives abstraites de Klee se soient précisément développées dans le contexte du Bauhaus. Il semble à tout le moins que l'histoire du Bauhaus témoigne que cet apprentissage de la vision œuvrant à créer librement des formes abstraites ait cédé progressivement à une logique de la production, que cet apprentissage propédeutique de la vision ait été assujetti au formalisme. L'expérience reste néanmoins unique et la fermeture du Bauhaus par les nazis, une date noire.

3. **Le constructivisme.**

A) *Du suprématisme au constructivisme.* — Le suprématisme né entre 1913 et 1915 est, dès l'origine, antagoniste de la révolution picturo-sculpturale de Tatline qui lui est quasiment contemporaine. Les contre-reliefs de Tatline, nous le verrons, seront une déduction non figurative, radicale du cubisme : l'objet ré-instrumenté en quelque sorte selon un nouvel ordre y triomphera en tant qu'objet ; le contraire donc du monde sans objet de Malevitch. Dans le sillage de Malevitch, les conceptions novatrices du suprématisme seront assimilées, à partir de l'année 1916, par des artistes comme Exter, Popova, Oudaltzova, Klioune ; il faut isoler l'œuvre brève mais singulière d'Olga Rozanova (1886-1918) dont les collages et les découpes dans des papiers de textures différentes rendent inclassable sa série d'illustration de douze collages abstraits pour *La guerre universelle* de Kroutchenykh.

B) *La figure dominante du constructivisme : Tatline.* — On oublie souvent que l'expérience constructiviste de Tatline (1885-1953), que l'on classe trop commodément comme sculpteur, est avant tout un dépassement de la peinture.

C'est en 1910 qu'il termina ses études dans la section de peinture de Penza où il obtint un « certificat professionnel de dessin » l'habilitant à « enseigner le dessin, le dessin géométrique et la calligraphie dans les établissements d'enseignement secondaire ». En 1911, il installait son atelier à Moscou et c'est dans les années 1912, 1913 et 1914 que Tatline situe lui-même la période décisive pour l'orientation de ses travaux. En 1921, dans un document intitulé *Liste de mes œuvres*, l'on retrouve ce slogan daté de 1913 : « Plaçons l'œil sous le contrôle du toucher. »

En 1913, il fait un séjour à Berlin. Il connaissait les œuvres de Picasso à travers les collections Chtchoukine et Morozov. Il découvrit les œuvres de l'année 1912 et celles du début de l'année 1913 (la célèbre *Guitare* par exemple). La rencontre de ces œuvres est déterminante. Tatline commença alors ses tableaux-reliefs qu'il présenta lors d'une exposition en mai 1914 dans son atelier de la rue Ostojenka, puis il y eut ses contre-reliefs. Les tableaux-reliefs n'étaient plus peints mais composés de matériaux possédant des propriétés structurelles et picturales hétérogènes. Il y respectait encore l'espace qui avait été celui du tableau, comme si les divers matériaux suggérés par le cubisme sortaient de cet espace, affirmaient leur surcroît de réalité. L'étape suivante consista en un détachement total par rapport à la surface du tableau : la composition prit alors place dans un espace soit en avant de la surface qui aurait fait office de fond, soit entre deux plans perpendiculaires et ne reposait alors que sur un simple fil de fer ou sur un axe rigide incurvé.

A l'encontre de ce que le sens commun peut imputer à la terminologie contre-relief, il ne s'agit pas d'un relief à l'envers, en profondeur, mais précisément du contraire, le contraire d'un bas-relief, un relief « absolument haut » *(sverhvyssoki réliéf)* que Tatline nomme « contre-relief ». Ce dernier est séparé de la surface du mur qui lui sert de fond et devant lequel il est suspendu dans l'espace. Tatline distingue les contre-reliefs « centrés » *(tsemtrovié)* des contre-reliefs « en coin » *(ouglovié),* les premiers étant placés en avant de la surface qui lui sert de fond et les seconds dans un espace situé entre des plans qui forment un angle. Tatline se démarqua assez vite des mises en corrélation des différents matériaux selon le principe du collage propre à Picasso, où tôle et fil de fer étaient assemblés de façon à évoquer analogiquement une guitare ; Tatline organisa les matériaux selon les caractéristiques propres qu'ils représentaient, soulignant la fonction structurelle de chacun, se démarquant toujours plus non seulement bien sûr de toute *mimésis* mais aussi de toute analogie, de tout rappel de mémoire. Très tôt, Tatline prit une part active dans la mise sur pied d'expositions, de publications, de débats. Mais Tatline, s'il est un chef de file, n'est pas un théoricien, ce en quoi il s'oppose encore à Malevitch. Cependant Tatline joua un rôle essentiel dans l'élaboration du nouveau système d'enseignement, système qui regroupait matière artistique et connaissance industrielle et se développait dans l'activité des *Vkhoutemas* (Ateliers supérieurs des arts et des techniques, instaurés officiellement en décembre 1920). Nous en retrouvons un écho dans ce texte du *Bulletin de la section des Beaux-Arts du Commissariat à l'instruction publique* ; il confirme l'influence de Tatline, artistique et idéologique dès ces années : « Le démantèlement de la frontière entre "art pur" et "art appliqué" est étroitement lié à une réhabilitation de la matière. Finissons-en pour toujours avec cette fiction éminemment romantique qui voit dans l'artiste un prêtre qui officierait sur l'autel de l'art, et faisons une croix sur le fossé qui, dans un passé encore récent, séparait l'art et les métiers, la production et l'industrie. La production ignorait la culture artistique ; quant à la culture artistique, elle planait au-dessus de la production et de la vie pratique. Les temps sont venus pour nous de faire entrer la culture artistique dans la production, pour libérer l'art de cette attitude fermée de caste d'une prétention insensée, en d'autres termes pour créer l'art de production. » Lors d'une réunion de l'*Inkhouk* (Institut de la culture artistique), vingt-cinq plasticiens votèrent le 24 novembre 1921 une proposition d'Ossip Brik requérant l'abandon de « l'art pur » au profit de la production d'objets utilitaires.

Tatline abandonnera la pratique artistique traditionnelle au profit de l'enseignement et centrera toute son activité autour du projet de *Monument à la IIIe Internationale*. Tatline fait remonter à 1918 le début de ses travaux, le projet fut achevé en décembre 1919, un comité d'experts composés d'ingénieurs et d'architectes déclara : « Le niveau actuel de la technique en rend parfaitement possible la réalisation. » La maquette fut terminée pour le troisième anniversaire de la Révolution d'Octobre. Sa structure construite en spirale sur un axe oblique était censée supporter des volumes de verre aux formes géométriques : un cube, une pyramide, un cylindre, une demi-sphère pour le sommet, ces volumes auraient tourné en permanence sur eux-mêmes. Ils étaient destinés aux différentes sections de la IIIe Internationale, entre autres à une agence télégraphique. Beaucoup appelèrent la tour de Tatline « Tour de Babel », ne songeant pas à la symbolique chrétienne, mais bien plutôt à l'idée que la Tour de Babel qui devait aller jusqu'au ciel était demeurée inachevée. Le monument, haut de 400 mètres, aurait joué un rôle dominant dans tout paysage urbain, mais Tatline, alléguant sa dimension de manifeste, se refusait à le lier à un environnement urbain précis quel qu'il fût. Ce projet marqua profondément ses contemporains. En 1925, Tatline réalisa une nouvelle maquette du *Monument à la IIIe Internationale* pour l'Exposition internationale des arts décoratifs et de l'industrie à Paris. Un tel projet à ces dates, hormis ses dimensions de manifeste, reste un hapax tant au point de vue architectural que par rapport à l'histoire de l'abstraction ; il ne fut jamais réalisé.

L'activité de Tatline, qui s'est tourné vers l'architecture, l'art de la rue et les arts appliqués (prototype de combinaisons de travail, siège, théière, etc.), montre bien le sens de son évolution. Entre 1928 et 1932 l'élaboration du *Letatline*, machine à voler individuelle dont la force motrice proviendrait des mouvements de l'homme, est le signe ultime de l'utopie constructiviste tatlinienne. Il participe aussi à la création de nombreux décors de théâtre mais revient également à la peinture de chevalet sans que l'on puisse, bien au contraire, déceler, dans sa *Baigneuse* de 1930 ou sa *Cruche avec des fleurs* de la même année, la moindre analogie avec la dimension métaphysique et prophétique des œuvres de Malevitch qui lui sont contemporaines ; pure manifestation de fidélité au régime, ces tableaux ne sont qu'une marque d'allégeance à celui-ci. Le 17 janvier 1931, par décret d'Etat, il reçoit le titre d'Artiste émérite.

Les deux artistes constructivistes principaux, à la suite

de Tatline, sont Rodtchenko (1891-1957) et Lissitsky (1890-1941). Avant de se consacrer au « productivisme », second stade du constructivisme, et de se tourner vers la typographie et la photographie, Rodtchenko, après de nombreuses recherches, participe à l'exposition « 5 x 5 = 25 » qui a lieu en 1921 à Moscou avec quatre autres artistes (Popova, Exter, Vesnine et Stepanova) qui montraient chacun cinq œuvres. Rodtchenko y présente notamment un triptyque composé de trois tableaux de même format : le premier rouge, le deuxième jaune, le troisième bleu. Ce triptyque est la première œuvre qui présente des surfaces de peinture totalement monochromes. Ce geste de Rodtchenko a été très largement surestimé par l'histoire de l'art, probablement aussi à la suite du texte du critique contemporain Nikolaï Taraboukine intitulé *Le dernier tableau* : « Cette œuvre est extrêmement significative de l'évolution subie par les formes artistiques au cours des dix dernières années. Ce n'est plus une étape qui pourrait être suivie de nouvelles autres, mais le dernier pas, le pas final effectué au terme d'un long chemin, le dernier mot après lequel la peinture devra se taire, le dernier "tableau" exécuté par un peintre. Cette toile démontre avec éloquence que la peinture en tant qu'art de la représentativité — ce qu'elle a toujours été jusqu'à présent — est arrivée au bout du chemin. Si le carré noir sur fond blanc de Malevitch contenait, en dépit de la pauvreté de son sens esthétique, une certaine idée picturale que l'auteur avait appelé "économie", "cinquième dimension", la toile de Rodtchenko est en revanche dépourvue de tout contenu : c'est un mur aveugle, stupide et sans voix. Mais, en tant que maillon d'un processus de développement historique, elle "fait époque", si on la considère non comme une valeur en soi (ce qu'elle n'est pas) mais comme une étape dans une chaîne d'évolution. »[1] Force est de constater que nous

1. Nikolaï Taraboukine, *Le dernier tableau*, traduction A. B. Nakov et M. Pétris, Editions Champ libre, 1972, p. 40-41.

sommes en présence du premier monochrome et qu'il est en quelque manière un « aboutissement » de l'abstraction.

El Lissitsky a reçu une formation d'architecte en Allemagne ; à son retour il est marqué par Chagall puis par Malevitch. Mais vers 1919-1920, il réalise des compositions dessinées ou peintes qu'il présente comme les « stations intermédiaires vers la construction des formes nouvelles » et qu'il appelle « Proun », qui est l'abréviation russe de « Projet pour l'affirmation du nouveau » (*Etude pour un Proun*, vers 1920). Rejetant violemment la dimension mystique et philosophique du suprématisme, Lissitsky ne garde plus qu'un jeu de formes inspiré d'une des toiles de Malevitch exposée en 1915 où était représenté un volume en perspective mêlé à des plans, jeu de formes, ici, qu'il ne conçoit plus que comme une recherche en vue de l'espace. Dans *Les ismes dans l'art*, Lissitsky écrit lui-même : « Le Proun est la station de changement de peinture à architecture. » Le rôle de Lissitsky sera important dans la production d'affiches, brochures, stands d'exposition, mais surtout livres. En 1923 il réalise le livre de Maiakovski, *Pour la voix*, dont la typographie devait marquer des générations de graphistes. On peut considérer que Lissitsky inventa une nouvelle conception de l'espace du livre et de la page imprimée.

Parmi les nombreux artistes qui furent constructivistes, il faut mentionner les frères Gueorgï et Vladimir Stenberg dont les constructions d'appareillage spatial (KPS), parce qu'elles sont des travaux expérimentaux destinés à passer dans la vie réelle, modifient radicalement la conception de la sculpture : elles sont une négation de la masse, une mise en œuvre du vide par l'architectonique. Il y eut un manifeste que l'histoire de l'art, bien que le mot constructivisme n'y figurât pas, désigna souvent sous le nom de *Manifeste du constructivisme,* il s'agit en fait du manifeste réaliste (1920) d'Antoine Pevsner (1886-1962) et de son frère Naum Gabo (1890-1977). Bien que les idées développées dans ce manifeste fussent proches de celles des constructivistes, ces artistes réalisèrent jusqu'au moins en 1923, comme en témoigne *Le masque* exécuté par Pevsner, une sculpture figurative marquée par le cubisme, produisant parallèlement, dès 1920, des sculptures non figuratives constituées de volumes obtenus virtuellement par des plans verticaux fabriqués en verre ou en plexiglas.

Le constructivisme aura marqué, dans l'histoire de l'abstraction, le passage radical où s'avère l'obsolescence d'un médium. Camilla Gray rapporte ce propos de Maiakovski : « Nos rues sont des pinceaux, nos places sont des palettes. » Le tableau comme la sculpture traditionnelle n'ont plus alors de fonction sociale ; l'abstraction les a conduits au-delà d'eux-mêmes, transportant les préoccupations formelles dans les arts appliqués et dans la vie de tous les jours ; la connotation sacrée de l'art est également stigmatisée : le manifeste *Les constructivistes s'adressent au monde* (signé par les frères Stenberg) déclare hors la loi l'art et ses prêtres.

III. — **L'abstraction dans les années 30**

Si le constructivisme ou les mouvements qui exportaient l'art vers l'architecture ou le design avaient compromis le tableau de chevalet ou la sculpture en tant que médium, on allait assister d'une part à ce qu'on nommera retours à l'ordre (retour non seulement au tableau de chevalet mais encore à la figuration) mais en même temps à la multiplication des expériences abstraites dans le tableau, à partir de lui ; autant d'expériences qui parce qu'elles suraffirmaient le médium (que le sens de l'histoire avait soit poussé à terme soit compromis) alimentèrent dans les esprits l'opposition figuration/abstraction.

Parmi les artistes de cette seconde génération de l'abstraction, certains reproduisirent authentiquement, et selon des arrière-mondes philosophiques autonomes et singuliers, le geste inaugural par lequel l'abstraction de

Kandinsky, Malevitch ou Mondrian s'était accomplie, d'autres partirent de l'abstraction comme d'un acquis. Jusqu'alors l'Allemagne, l'URSS, la Hollande avaient été les centres de l'abstraction, le prestige ancien de Paris, mais plus encore les mouvements politiques de l'Europe, firent, dans les années 30, de Paris le foyer de l'art et notamment de l'art abstrait ; évidence paradoxale puisque des artistes comme Delaunay ou Picabia, qui avaient été traversés par l'abstraction, étaient revenus à la figuration, et que le surréalisme mobilisait l'avant-garde. Par ailleurs à l'intérieur de *De Stijl* ce furent les architectes qui restèrent en Hollande, seuls Van Doesburg ou Vantongerloo s'établirent à Paris. En 1919, Michel Seuphor présenta une exposition du peintre allemand Vordemberge-Gildewart qui avait été membre de *De Stijl*, il y rencontra le peintre uruguayen Torrès-Garcia. C'est ainsi que naquit « Cercle et Carré » selon Seuphor, par une sorte de « désespoir rageur » qui voulait endiguer l'hégémonie du surréalisme dans les milieux artistiques.

1. **« Cercle et Carré »**. — « Cercle et Carré » publiera en 1930 un journal (qui comptera trois numéros). Malgré les représentants du néo-plasticisme comme Mondrian, Wilmos Huszar, Huib, Hoste, Vantongerloo, Gorin et Vordemberge-Gildewart, un grand nombre des peintres de l'exposition « Cercle et Carré », qui se tint rue de la Boétie, participait d'une abstraction hybride « tendant à humaniser la géométrie et à géométriser l'humain », ce que stigmatisa dans la plaquette *Art concret* d'avril 1930, Jean Hélion ainsi : « Certains peintres compriment à force leurs personnages dans un carré et dans un rond pour arriver à l'en vêtir. D'autres étranglent un cube pour lui faire une taille, le coiffant d'une sphère, l'emmanchent avec des cylindres et se réclament à la fois de l'homme et de la machine. D'autres construisent le tableau avec des éléments géométriques et le stabilisent dans cet état, puis le saupoudrent avec un peu d'humanité, insérant çà et là un brin de visage, ouvrant un œil, dégageant une main,

une mâchoire, un objet connu afin de donner au spectateur ce petit frémissement de parenté qui l'aidera, croient-ils, à assimiler la peinture. » Ephémère, « Art concret », regroupant Van Doesburg, Carlsund, Hélion, Tutundjian et Wantz, se veut être en réaction contre l'ambiguïté de « Cercle et Carré », un formalisme radical : « Un carré, un cercle, une couleur sont des éléments concrets, tels une vache ou un arbre. » A la suite de ces deux mouvements, dans une logique de compromis naîtra « Abstraction et Création ».

2. **« Abstraction-Création »**. — Dans une lettre à Kupka, Van Doesburg écrit : « Comme il est absolument impossible d'arranger des expositions ou des publications intéressantes en limitant trop strictement les participants, nous sommes obligés de nous unir sur une base plus large. Les meilleurs artistes de Paris et de l'étranger devraient participer même si leurs tendances ne sont pas les nôtres. »[1]

Dora Vallier souligne : « Désormais les artistes convertis à l'abstraction se comptent par centaines. Le mouvement "Abstraction-Création", fondé à Paris en 1931 et qui sera actif jusqu'en 1936, finit par grouper dans les expositions internationales qu'il organise annuellement plus de 400 peintres et sculpteurs — 416 exactement à l'exposition de 1935, dont 251 étaient français, les autres allemands, suisses, anglais, hollandais, et il y avait même 35 Américains. »[2] Ce nombre de 416 procède en fait, de manière simplificatrice, de l'addition des sympathisants regroupés par arrondissements de Paris et par nationalité dans le cahier n° 4 du mouvement. Hormis les cautions célèbres comme celle de Brancusi ou de Picasso qu' « Abstraction-Création » essaya de s'adjoindre, le

1. Daniel Abadie, *Paris-New York,* Centre Georges-Pompidou, Art abstrait/Art concret, catalogue Musée d'Art moderne, 1er juin - 19 septembre 1977, p. 407.

2. Dora Vallier, *L'art abstrait*, *op. cit.*, p. 195.

nombre des membres d' « Abstraction-Création », pour variable qu'il fut, dépassa rarement selon les années une cinquantaine.

Il n'en demeure pas moins vrai qu' « Abstraction-Création » fut ce mouvement où le danger d'une rhétorique de l'abstraction prit racine, rejouant à n'en plus finir, figeant les conditions formelles et leur dimension problématique qui avaient compromis le tableau de chevalet. Ce qui avait compromis à ce point le tableau de chevalet s'y ancra ainsi avec dogmatisme, s'opposant à la figuration ou au surréalisme, légitimant d'une certaine façon la confusion de Dora Vallier, confusion que la préface du comité directeur d' « Abstraction-Création » justifie : « Abstraction parce que certains artistes sont arrivés à la conception de non-figuration par l'abstraction progressive des formes de la nature.

Création parce que d'autres artistes ont atteint directement la "non-figuration" par une conception d'ordre purement géométrique ou par l'emploi exclusif d'éléments communément appelés abstraits tels que cercles, plans, barres, lignes, etc. » Une telle profession de foi trouva à s'exercer systématiquement avec dogmatisme chez les partisans extrémistes de l'art non objectif dont Vantongerloo et surtout Herbin furent les tenants. On se souvient de l'anecdote où un tableau de Valmier fut refusé parce que l'on pouvait y reconnaître un poisson, en revanche les toiles les plus médiocres pouvaient être acceptées sur le seul critère qu'elles témoignaient résolument d'une non-figuration. Une telle politique provoqua, dès 1934, le retrait de Pevsner et Gabo, de Delaunay, de Valmier, de Arp et Sophie Taueber, de Freundlich et d'Hélion.

L'ambiguïté du mouvement ne doit pourtant pas occulter la personnalité et la démarche singulières de certains de ces artistes. En faire l'inventaire reste difficile, par ailleurs dès 1933, « Abstraction-Création » eut la volonté de favoriser l'expression individuelle de chaque artiste non figuratif, sans censure due à son idéologie ou sa nationalité. Freundlich, Hélion, Herbin firent partie de l'AAER (association des artistes révolutionnaires).

Notons les personnalités dominantes de :

A) Herbin (1882-1960). — Dans le premier numéro d'*Abstraction-Création,* un article de Paul Vienney, avocat, ami d'Herbin, communiste comme lui, s'interroge sur le devenir de l'abstraction en tant qu'elle lui semble une expression coupée du peuple. Ses œuvres abstraites les plus intéressantes sont sans conteste celles des années 1919-1920-1921, tout particulièrement sa série de bas-reliefs et de sculptures en bois peint de forme totémique. Après un retour à la figuration en 1922, à partir de 1926 ses recherches concernent les lignes courbes liées à des aplats de couleurs vives. La place de son œuvre est en deçà de son rôle d'animateur du mouvement.

B) D'une autre ampleur est l'œuvre de Robert Delaunay (1885-1941). — On associe souvent Delaunay aux origines de l'art abstrait, à ce sujet Delaunay déclarait : « Vers 1912-1913, j'eus l'idée d'une peinture qui ne tiendrait techniquement que de la couleur, des contrastes de couleur, mais se développant dans le temps et se percevant simultanément, d'un seul coup. J'employais le mot scientifique de Chevreul : les contrastes simultanés. Je jouais avec les couleurs comme on pourrait s'exprimer en musique par la fugue des phrases colorées, fuguées. (...) On ne peut nier l'évidence de ces phrases colorées vivifiant la surface de la toile de sortes de mesures cadencées, se succédant, se dépassant en des mouvements de masses colorées — la couleur agissant cette fois presque en fonction d'elle-même par contraste. »

Revenu à la figuration à la fin de la première guerre (on se souvient du portrait de Philippe Soupault devant la tour Eiffel), sa peinture dans les années 30 redeviendra abstraite. Ses tableaux, construisant des disques colorés concentriques, imbriqués les uns dans les autres (*Joie de vivre*, 1930) ou juxtaposés le long d'une grande diagonale ascendante, remettant ainsi en cause la forme tableau

(*Rythme*, 1934). C'est dans les immenses décors exécutés pour le Palais des chemins de fer et le Palais de l'air lors de l'Exposition internationale des arts et techniques en 1937 à Paris, que Delaunay trouva exemplairement le moyen de mettre en pratique ses idées. Il réalisa avec une équipe d'artistes recrutés pour ce chantier le tympan de la porte d'entrée du Hall des réseaux à l'intérieur du Palais des chemins de fer ; cette composition comporte seize panneaux groupés quatre par quatre, mesurant en tout 8 m de hauteur et 4 m de largeur. Sonia Delaunay, son épouse, s'est beaucoup consacrée dans les années 20 aux arts appliqués dans un esprit voisin.

C) On a déjà fait allusion à l'œuvre de Jean Arp (1887-1966). — Ce n'est qu'après 1930 qu'on peut lier le projet de Arp, avec la série de ses sculptures appelées *Concrétions*, à l'abstraction. Les formes qu'il sculpte garderont toujours une puissance organique, minérale et tellurique. L'œuvre de Sophie Taueber-Arp, en revanche, même pendant sa période dadaiste, a toujours été liée à l'abstraction. Elle réalisa les murs et les plafonds du salon de thé et du bar de l'*Aubette* au moyen de damiers disposés en reliefs et conçut d'autres intégrations architecturales à Strasbourg à la même époque. Arp et Sophie Taueber construisirent leur maison-atelier à Clamart. Elle en dessina les plans et l'aménagement intérieur en 1929-1930 et cette maison devint immédiatement un lieu de rendez-vous des avant-gardes.

D) Sans commune mesure, bien que lui aussi marginal par rapport à l'abstraction, est le rôle de Kurt Schwitters. Serge Lemoine, dans son livre sur *L'art constructif,* annexe l'œuvre de Schwitters : « Créateur de l'art *Merz* (ce qui est la seconde syllabe du mot *Kommerz,* apparu une fois, ainsi tronqué par hasard, au milieu des formes abstraites d'un de ses collages) (...) il deviendra alors un artiste constructif particulièrement original sans rien renier de son style, fondé sur la pratique du collage, de la récupération de matériaux usagés. » L'hétérogénéité de l'œuvre de Schwitters à ce que Lemoine définit comme art constructif témoigne à la fois du caractère inclassable de cet artiste et de la difficulté d'établir des catégories rigides.

E) L'on retiendra également les œuvres de Wladyslaw Strzeminski (1893-1952) et de son épouse Katarzyna Kobro (1898-1951), fondateurs de l'Unisme en Pologne. Strzeminski passa sa jeunesse en Russie où il reçut l'enseignement de Malevitch, en 1922 il s'installa en Pologne avec K. Kobro, en 1923 il organise l'exposition *Nowa Sztuka* (Art nouveau), prend ses distances avec le suprématisme, en 1926 il rejoint le groupe Praesens composé principalement d'architectes, en 1927 il publie, dans la revue *Drogi, De l'unisme en peinture.*

L'œuvre de Torrès-Garcia né en 1874 à Montevideo. Il fit ses études à l'Ecole des beaux-arts de Barcelone. Installé à Paris en 1926 il partagera un temps l'atelier d'Hélion, puis en 1932 vivra à Madrid avant de repartir pour l'Uruguay où il participe à de nombreuses revues et réalise également de grandes peintures murales. Il meurt en 1949.

Ben Nicholson né en 1894 à Denham. Etudie à la Slade School de Londres, voyage en Europe et réalise en 1924 ses premiers tableaux abstraits. A Paris son œuvre évolue vers une abstraction géométrique toujours plus rigoureuse. Il réalise ses premiers *White Relief* au milieu des années 30. En 1937 il publie avec Naum Gabo et l'architecte J.-L. Martin *Circle : International Survey of Constructivist Art*. Installé en Cornouailles, il reviendra pendant la guerre en partie à la figuration avant de réaliser de nouveaux reliefs à la fin des années 50. La Biennale de Venise lui consacrera une rétrospective en 1954 puis la Tate Gallery en 1955. Il meurt en 1982.

Fausto Melotti né en 1901 à Rovereto en Italie et mort en 1986. Ingénieur électronicien, diplômé de l'Ecole polytechnique de Milan, il étudie parallèlement la musique et suit l'enseignement d'Adolf Wildt à l'Académie de Brera et obtient un diplôme de l'Ecole de sculpture en 1928. Il participe, avec Lucio Fontana et Licini Soldati, à une exposition collective d'art abstrait italien qui eut lieu à Turin en mars 1935.

Les œuvres des Français Ozenfant et Jeanneret ainsi que de Jean Gorin. De l'Américain Alexander Calder né en 1898 à Philadelphie et mort en 1976. Après un diplôme d'ingénieur en mécanique qu'il obtient en 1919, étudie à la Art Students League de New York. Il séjourne régulièrement à Paris dès 1926 et réalise ses premières sculptures en bois et en fil de fer ainsi que des jouets. Il fréquente Mirò, Arp et Hélion, et rendra visite à Mondrian. En 1931 sa deuxième exposition personnelle a pour titre : Volumes-Vecteurs-Densités-Dessins-Portraits. C'est en 1932 qu'il exposera à Paris et à New York ses premiers *Mobiles* (désignation donnée par Marcel Duchamp), sculptures actionnées à la main ou électroniquement et d'autres sculptures immobiles auxquelles Arp donnera plus tard le nom de *Stabile.* En 1936 il participe à l'exposition *Cubism and Abstract Art* au Museum of Modern Art de New York. En 1937 il exécute la *Fontaine de Mercure* pour le Pavillon espagnol de l'Exposition internationale de Paris. C'est entre 1942 et 1943 qu'il commence la série des *Constellations*, mobiles en bois découpé. Une première rétrospective de son œuvre a lieu en 1943 à New York, et en 1949 il réalise son premier mobile monumental, *International Mobile,* pour le Philadelphia Museum of Arts. En 1976 a lieu une grande rétrospective de son œuvre au Whitney Museum.

Willi Baumeister né en 1889 à Stuttgart et mort en 1955. Il fait ses études à l'Académie des beaux-arts de cette ville dans la classe d'Adolf Hölzel, théoricien de la couleur, et exécute ses premières toiles abstraites en 1919 après avoir accompli deux voyages à Paris en 1911 et 1914, et fréquenté le cercle de la galerie *Der Sturm* à Berlin. Ses premières œuvres, la série des *Mauerbilder,* sont géométriques et le font rencontrer Ozenfant et Jeanneret (Le Corbusier), ainsi que Fernand Léger. En 1928, il est professeur d'art graphique à l'Ecole du Staedel Institut de Francfort. A partir de 1937, son œuvre évoluera vers un paysagisme abstrait. Frappé d'interdiction d'exposer pendant la guerre, il jouera à partir de 1946 un rôle déterminant comme professeur à l'Académie d'art de Stuttgart et sera l'un des fondateurs du groupe « Zen » en 1949 auquel il restera lié jusqu'en 1955.

Max Bill né à Winterthur en Suisse en 1908. Après des études à l'Ecole d'arts appliqués de Zurich il entreprend des études d'architecture. De 1927 à 1929, il est étudiant au Bauhaus. Sa première exposition individuelle a lieu cette même année. De la fin des années 30 au début des années 40, son intérêt pour les mathématiques le conduit à développer des notions sculpturales fondées sur des principes topologiques et mathématiques aboutissant à des variations et des répétitions de formes dans différents matériaux. A partir de 1950, il planifie le programme et la construction de nombreux édifices publics, tel le siège de la Radio à Zurich.

César Domela né César Nieuwenhuis en 1900 à Amsterdam. Il commence à peindre en autodidacte à partir de 1919. En 1923, il vit à Berne où il exécute ses premières compositions constructivistes abstraites. En 1924, il vient à Paris et rencontre Mondrian, adhère à *De Stijl* en 1925 et présente sa première exposition personnelle la même année à La Haye. Il vit à Berlin entre 1927 et 1933, où il côtoie les enseignants du Bauhaus, notamment Moholy-Nagy. En 1928, il réalise ses premiers *Bas-reliefs néo-plastiques* et en 1933, commence une série de *Reliefs polychromes* construits de lignes souples dans les matériaux hétéroclites : bois, cuivre, acier, plastique. Une première rétrospective de son œuvre fut présentée successivement à Rio de Janeiro et São Paulo en 1954. Son œuvre acquiert alors une dimension architecturale qui se traduit par la réalisation de bas-reliefs pour les édifices publics à Rotterdam ou La Haye.

Otto Freundlich né en 1878 en Poméranie. Il suit en 1904 des cours d'histoire de l'art et rencontre entre autres Heinrich Wölfflin, s'occupe de théorie musicale. En 1906, première tentative en peinture et en sculpture, séjourne à Florence. Il y a chez Freundlich une expérience mystique de la lumière et bien qu'il ait côtoyé en 1908-1909 les cubistes, c'est son passage à Chartres en 1914 qui apparaît comme une étape charnière dans l'affermissement de la pensée de son œuvre. C'est lors de ce séjour où installé dans la tour Nord de la cathédrale et travaillant à la restauration des vitraux que s'édifie la conception du monde et de l'art de Freundlich. L'œuvre est, tel le vitrail de la cathédrale, le trait d'union entre le monde extérieur ouvert sur le cosmos et le monde intérieur. Les *Compositions* de Freundlich chercheront sans cesse à retrouver cette émotion inaugurale. En 1934, il rédige *Die Wege der Abstrakten Kunst*, il poursuit parallèlement son activité de sculpteur, fonde à Paris une Académie privée, « Le Mur », où il enseigne la peinture, la sculpture et le dessin, élabore des projets de sculpture architectonique : Sculptures-Montagnes. En 1937, sa sculpture de 1912 *Der Neue Mensch (L'homme nouveau)* est reproduite en couverture du catalogue de l'exposition itinérante *Entartete Kunst (Art dégénéré)*. Les nazis confisquent et détruisent ses œuvres. Il sera déporté au camp de Lublin-Maidanek. Il meurt le 9 mars 1943.

Ces artistes aux œuvres formellement différentes, aux recherches hétérogènes, représentent entre autres les multiples voies que put prendre l'abstraction. Ils ont tous en commun d'avoir appartenu plus ou moins brièvement au mouvement « Abstraction-Création ».

3. **Abstraction et figuration, hésitations et ambiguïtés.** — Il est un cas de retour à la figuration bien singulier, Freundlich se mit à refaire à l'identique ses premiers tableaux, en format plus réduit, de mémoire, lorsqu'il apprenait que les nazis détruisaient l'une de ses œuvres.

Deux peintres, par ailleurs, nous semblent exemplaires,

parce que leur œuvre est exemplaire, de cette ambiguïté entre abstraction et figuration. Il ne s'agit pas ici de l'abstraction ambiguë, factice ou hybride décalquant parfois abstraitement des formes du réel ou le contraire, que l'on pouvait rencontrer dans le mouvement « Abstraction-Création », mais d'une ambiguïté plus essentielle, oserait-on dire, plus vraie.

A) Alberto Magnelli (1888-1971) apparaît dans l'histoire de l'art comme un peintre florentin isolé et il est vrai que sa tombe porte la mention « Pittore fiorentino ». Ses œuvres de 1915 à 1917 dénotent déjà d'une abstraction singulière, abstraction qui « éclatera » en 1933 dans la série des *Pierres éclatées* comme si l'abstraction antérieure avait besoin pour se solidifier d'en passer par un retour à cette figuration étrange et énigmatique, ces pierres, ces fragments rocheux, ces mines érodées peintes comme flottant dans l'espace. Il viendra à Paris en 1934. Ses dernières œuvres, intitulées *Ouverture,* présentent, malgré le format (par exemple 140×93), une dimension étrangement monumentale.

B) Le cas de Jean Hélion (1904-1986) est nettement plus saisissant, puisque par décision, il revient radicalement dans les années 30 à la figuration. Après avoir pris ses distances d'avec « Abstraction-Création », cette décision sera sans repentir et Hélion un des peintres figuratifs marquants d'après-guerre. Il écrivait en 1950 (dans le n° 168 de la revue *Esprit*) : « L'incarnation. Voilà bien le vif du problème. Le point où nul ne peut donner ou recevoir de l'aide. Les exemples du passé ne servent à rien. Chaque génération périme ses symboles. On n'en peut trouver de vivants qu'en soi-même. Ce sont des figures et des objets — et non des triangles ou des traînées de couleurs — qui hantent mes rêves et traversent mes journées (...) C'est bien des signes qu'il s'agit, mais les signes ne sont clairs et valides que situés, précisément, dans le monde où je me débats. Je fais des croix avec des bras, des X avec des jambes et des paraboles avec des plis qui tombent (...) En ce qui me concerne, à vingt-cinq ans, j'ai abouti à l'abstraction pour m'être efforcé de trouver la plus forte expression visuelle d'un objet : la tête est devenue une simple tache, et le reste aussi. Puis, j'ai oublié la tête. Après un passage par le signe minimum qu'on puisse inscrire dans une toile, je me suis mis à la recherche des éléments essentiels de la peinture, et à la culture de leurs contrastes : le point, la ligne, la surface, le dégradé, le volume. Rien ne remplace aucun d'entre eux. Rien ne remplace, particulièrement, le contraste du volume et de la surface, mais il mène à la forme (...) En douze ans, j'avais bâti un petit univers, moi aussi, et que je croyais assez complet. Mais il craquait de toute part. Sous chaque forme, c'était comme si la vie tapait à la porte pour entrer. C'est à grand-peine que je la tenais fermée. En tentant de pousser l'abstraction jusqu'au bout, j'avais, sans m'en douter, retrouvé le visage du monde. »

A ces rares exceptions près, « Cercle et Carré » et « Abstraction-Création » avaient contribué à instaurer une rhétorique de l'abstraction, rhétorique que l'on voulut faire passer pour un triomphe. Rhétorique dans la mesure où non seulement l'abstraction était devenue un « style », parce que la plupart des artistes oubliaient la dimension originaire de l'abstraction, croyant participer à son histoire, ne prenait pas la mesure de son destin. Celle-ci se sédimenta dans un espace qu'elle avait pour destin d'abolir. La forme-tableau ou la forme-sculpture, telles que l'art pendant des siècles les avait consolidées (telles que la première abstraction en avait été la remise en cause), devinrent le « cadre » ou le « moule » de cette rhétorique.

Les propositions qui avaient compromis le tableau ou la sculpture en tant qu'accomplissement ultime de l'œuvre se trouvaient dès lors inversées, contraintes, assujetties à un espace et un médium qu'elles avaient cru remettre en cause.

On parlera, après guerre, d'une nouvelle Ecole de Paris ou d'un « renouveau de l'abstraction géométrique ». Il semble bien plutôt que dans ce Paris de l'après-guerre, qui crut pouvoir redevenir le foyer de l'art moderne, ces renouveaux furent l'expression prolongée de cette rhétorique.

Chapitre III

UN CHANGEMENT DE GÉOGRAPHIE

I. — Paris : une rhétorique de l'abstraction

1. **« L'Ecole de Paris ».** — Le 10 mai 1941 s'ouvrit à Paris une exposition qui passa alors presque inaperçue et qui devait, *a posteriori*, faire date ; elle s'intitulait *20 jeunes peintres de tradition française*. A la Libération, ceux qui y avaient figuré, légitimement, apparurent comme les peintres de la nouvelle génération. Le titre était ambigu, le mot « tradition » avait su protéger l'exposition de la censure (alors que beaucoup d'œuvres y auraient été taxées d'art dégénéré), mais il pesait également, on s'en rendit compte plus tard, d'un poids esthétique déterminant. L'exposition avait été préparée par Jean Bazaine (né en 1904), très lié avec le personnalisme chrétien d'Emmanuel Mounier et qui, depuis 1934, écrivait dans la revue *Esprit*. Elle comprenait également Manessier (1911-1993), Le Moal et Bertholle, qui avaient été les élèves de Bissière à l'Académie Ranson. Certains avaient fait partie du groupe « Témoignage » aux tendances nettement ésotériques. Manessier d'ailleurs, après sa conversion et son passage à la Trappe, peignait des œuvres dont la connotation spirituelle était évidente, tel son *Salve Regina* de 1945. Mais cette exposition rassemblait également des tendances très diverses ; on peut penser qu'elle anticipa sur ce qu'allait devenir ce qu'on a appelé la seconde Ecole de Paris. Ainsi, dans le Paris libéré, s'explique peut-être l'enthousiasme de Pierre

Francastel : « Il est suffisamment hardi d'affirmer que nous assistons, en ce moment, à un changement complet de décor et qu'une nouvelle époque d'art est sans doute commencée : la troisième depuis près d'un siècle. Je salue les prémisses de la nouvelle Ecole de Paris. »[1] L'optimisme de Francastel reposait certainement en grande partie sur le bonheur de voir Paris libéré. Une controverse par ricochet s'engagea à propos de cette Ecole de Paris ; si Michel Ragon en fut le défenseur, l'on pouvait lire en novembre 1955 dans *Cimaise*, sous la plume de Julien Alvard : « Mais quelle que soit l'obstination de certains à présenter une liste de peintres sous cette bannière, il n'y a pas d'Ecole de Paris et c'est parler pour ne rien dire. De toute évidence, Paris fait bien plus son profit de ce qu'on vient lui apporter à domicile, qu'il ne dispense les bienfaits de son enseignement » ; et il semble de fait que parmi les nombreuses dénominations que l'histoire de l'art a pu produire, celle-ci soit une des plus factices et la plupart des œuvres des peintres abstraits liés à cette prétendue école, surestimés (comment comparer, comme le fait Francastel, Estève à Delaunay ?).

2. **Un primat du geste.**

A) L'abstraction lyrique. — C'est autour de Hans Hartung (1904-1989) et de Wols (1913-1951) que s'organisèrent les premières expositions d'un courant désigné dès 1947 lors de l'exposition « L'imaginaire » par le terme d'abstraction lyrique.

Cette peinture gestuelle n'est pas sans lien avec la philosophie contemporaine de Merleau-Ponty qui, en 1945, avait publié sa *Phénoménologie de la perception* : « Je ne suis pas dans l'espace et dans le temps, je ne suis pas l'espace et le temps, je suis à l'espace et au temps, mon corps s'applique à eux et les embrasse. Je ne suis pas devant

1. Pierre Francastel, *Nouveau dessin, nouvelle peinture, l'Ecole de Paris*, Paris, 1947, p. 177-179.

mon corps, je suis dans mon corps ou plutôt je suis mon corps. » L'on pourrait transposer : je ne suis pas devant le tableau, je suis dans le tableau, je suis mon tableau, en pensant à l'œuvre de Wols. Là où bute l'analogie et contre le mot tableau ; le tableau de chevalet que l'histoire de l'abstraction rendait inadéquat trouve ici un terme d'inadéquation supplémentaire. Ainsi chez la plupart de ces peintres, le geste va être prisonnier du tableau, prisonnier du médium, du support, prisonnier d'un espace conventionnel, étroit en regard de l'ambition que cette peinture se donne. L'on éprouve souvent, en présence des œuvres de Wols, que le tableau est la prison du geste. Chez Hartung, parce que l'espace de contrainte est moins vécu comme tel, le geste finit par s'accorder au tableau et l'œuvre alors perd sa force initiale, croise les faiblesses propres à la plupart des peintres de ladite Ecole de Paris. Pour Georges Mathieu le geste va être théâtralisé et cette théâtralisation très vite devenir académique.

On a souvent souligné l'influence de la calligraphie extrême-orientale, elle est explicitement présente chez un peintre comme Marc Tobey (1890-1976), ce qui l'éloigne des peintres américains dont nous parlerons. Ce primat du geste, nous le retrouvons aussi chez un peintre comme Jean Degottex et chez Pierre Soulages dès mai 1949, dont Charles Estienne note dans *Combat* les débuts pleins de promesses.

L'œuvre d'un artiste comme Sam Francis (né en 1923 à San Mateo en Californie) (installé depuis 1961 à Los Angeles après avoir passé dix ans à Paris, Sam Francis est mort en 1994) peut également être lié à un tel courant, ne serait-ce que pour les raisons que note Yves Michaud : « On voit mal Francis faire bonne figure dans un récit triomphal comme celui d'Irving Sandler. On voit mal sa peinture entrer sans dommage sous les catégories de Greenberg »[1], et du rôle que Sam Francis eut dans la peinture française de ses années.

1. Yves Michaud, *Sam Francis,* 1992, p. 23.

B) Aux marges : Atlan, Fautrier, Van Velde. — « Nous pensons que c'est en marge de l'art abstrait officiel, et en marge seulement, que s'élaborent les œuvres les plus valables de même que ce fut en marge de l'impressionnisme proprement dit que s'étaient affirmées au siècle dernier les œuvres de ces grands hérétiques qui s'appelaient Van Gogh et Gauguin » signe Jean-Michel Atlan dans *Cobra*, n° 6, en avril 1950. Atlan fait probablement lui-même partie de ces artistes « en marge » ; son œuvre, s'il est fermé sur lui-même et en appelle à une métaphysique de la présence, a su pactiser au plus haut point avec le tableau de chevalet comme si les œuvres naissaient organiquement du tableau au lieu d'être prisonnières de lui (la plupart des œuvres d'Atlan sont des petits formats). Ses œuvres, structurées comme un cerne noir, rendent le tableau plus lourd, plus concret. Nous avons dit, parlant d'une rhétorique de l'abstraction, que celle-ci s'était sédimentée à l'intérieur du médium qu'elle devait compromettre. L'abstraction d'Atlan ne s'y sédimente pas, elle s'y recroqueville, s'y replie, c'est paradoxalement ce qui confère leur force aux œuvres d'Atlan, ce qui fonde qu'elles s'accordent à la forme-tableau.

Atlan est né en 1913 à Constantine et mort à Paris en 1960. Il vient à Paris en 1930 où il se liera à Gaston Bachelard, Benjamin Fondane et Jean Paulhan. C'est en 1941 qu'il commence à peindre en autodidacte ; il participe en 1947 à l'exposition « L'Imaginaire » organisée par Michel Tapié.

Le geste d'Atlan n'est en aucune manière celui de Fautrier et leurs œuvres ont peu de points communs si ce n'est celui, subjectif, qu'il semble que dans l'abstraction de Fautrier, identiquement, le tableau serve d'écrin aux formes, au geste, à la matière qui s'essaie à y vivre. Dans les meilleurs tableaux de Fautrier, et singulièrement dans la série des *Otages*, le cadre est le lit des formes, non pas la condition formelle de leur production. Par la suite cette puissante adéquation se dissipera, la forme-tableau redevenant dominante, surdéterminante. En 1952 Michel

Tapié encore lancera l'adjectif « informel » appliqué aux œuvres de Dubuffet, Fautrier et Wols. Il est paradoxal que dans la série des *Otages*, par exemple, à laquelle on peut rétroactivement appliquer cet adjectif, la forme pourtant soit si puissante, une forme née de la matière, humaine, humanisant la peinture au point qu'allusivement l'abstraction, ici, désigne le corps avec une puissance qu'a rarement atteint la représentation du corps. L'exposition des *Otages* à la Galerie Drouin fut préfacée par André Malraux : « L'Otage qui donne la clef des autres, c'est le grand otage sculpté. Plutôt que des tableaux de Fautrier, ces figures viennent de sa sculpture. De sa sculpture qui a trouvé, dans le supplice, ce qu'elle a longtemps cherché en vain : un moyen d'incarnation. L'art des premiers otages est encore "rationnel" : des figures mortelles qu'un trait simplifié, mais directement dramatique, tente de réduire à leur plus simple expression — et ces couleurs plombées, depuis toujours celles de la mort. Mais peu à peu Fautrier supprime la suggestion directe du sang, la complicité du cadavre. Des couleurs libres de tout lien rationnel avec la torture se substituent aux premières en même temps qu'un trait qui tente d'exprimer le drame sans le représenter, se substitue aux profils ravagés. Il n'y a plus que des lèvres, qui sont presque des nervures ; plus que des yeux qui ne regardent pas. Une hiéroglyphie de la douleur. » L'année suivante c'est Francis Ponge qui écrit : « Aucun mouvement, sinon le mouvement de l'image qui envahit le champ de l'esprit, du visage torturé qui monte du fond de l'ombre, qui approche en gros plan, sinon le mouvement giratoire des faces des martyrs dans notre ciel comme des astres, comme des satellites, comme des lunes. (...) Il s'agit de tableaux religieux, d'une exposition d'art religieux. (...) Nous voilà donc en face d'un sujet nouveau, d'une importance (négative) telle qu'il peut en résulter une nouvelle mythologie, une nouvelle religion, une nouvelle résolution humaine. »

Jean Fautrier est né le 16 mai 1898 et mort en juillet 1964. A l'âge de douze ans, sa famille l'emmène à Londres, il y suivra les cours de la Royal Academy of Art. Sa première exposition personnelle a lieu en 1924 à Paris, à la Galerie Visconti. A partir de 1926 il peint des paysages de montagne, des nus, des écorchés, autant d'œuvres qui s'écartent sans y parvenir de la figuration. De 1934 à 1940 il ne peint quasiment plus. En 1943 il entreprend la série des *Otages*.

L'œuvre d'Atlan et celui de Fautrier s'opposent donc implicitement, inconsciemment, à la production d'une image abstraite dans le tableau. Ces œuvres contredisent ce que nous avons cru pouvoir généraliser, en l'occurrence, à partir d'une certaine date, après Kandinsky, Malevitch et Mondrian, l'inadéquation de la forme-tableau à l'abstraction. Ils ont su contraindre le tableau à l'abstraction qu'ils fondaient et, aussi paradoxal que cela soit, contrairement à ce que l'histoire de l'art affirme, il n'y a rien de commun entre l'œuvre d'Atlan et celui de Mathieu, rien de commun entre l'œuvre d'Estève et celui de Bram Van Velde.

L'œuvre de Bram Van Velde s'il est formellement éloigné des œuvres d'Atlan et Fautrier a pourtant en commun avec ceux-ci d'établir cette identité de la forme au tableau ; là où chez Estève par exemple il y a production d'une image bien mise en place dans le cadre (est-ce cela que l'on entend par tradition française ?), la ligne chez Van Velde y circule, en longe le bord, le souligne, l'accentue pour le faire disparaître.

Né en 1895 près de Leyde et mort en 1981, Bram Van Velde entre à douze ans comme apprenti dans la firme Kramers où il peint des meubles et des plafonds. En 1922, décidé à devenir peintre, il se rend à Worpswede, en Allemagne du Nord, où réside une colonie de peintres expressionnistes, il s'installe à Paris en 1925 où il découvre Van Gogh, Cézanne et l'art moderne, peint des paysages et des natures mortes. En 1937, il fait la connaissance de Samuel Beckett avec qui il restera lié toute sa vie. Il vit pendant la guerre dans une telle pauvreté qu'il ne peint quasiment pas. En 1948 son exposition à la Galerie Maeght sera préfacée par Beckett, il exposera par ailleurs à plusieurs reprises avec son frère Geer. Dans un texte qu'il consacra aux deux frères lors d'une exposition en 1945, Beckett écrivait : « Nous avons affaire chez Abraham Van Velde à un effort d'aperception si exclusivement et farouchement pictural que nous autres, dont les réflexions sont tout en murmures, ne le concevons qu'avec peine, ne le concevons qu'en l'entraînant dans une sorte de ronde syntaxique, qu'en le plaçant dans le temps. (Je note, littéralement entre parenthèses, le curieux effet, dont j'ai été témoin plus d'une fois, que produisent ces tableaux sur le spectateur de bonne foi. Ils le privent, même le plus prompt au commentaire, de l'usage de la parole. Ce n'est point un silence de bouleversé, à en juger par les éloquentes réfutations qui finissent quand même par couler. C'est un silence, on dirait presque de convenance, comme celui qu'on garde, tout en se demandant pourquoi, devant un muet.) »[1]

3. **Le « Salon des Réalités nouvelles »**. — Lier l'évolution de l'art abstrait dans les années 50, en tout cas de l'art abstrait géométrique dans la France d'avant-guerre à ce salon permet d'éviter de reproduire et de surmultiplier les catégories stylistiques héritées de la critique journalistique, mais également d'établir un lien historique qui n'est pas factice entre l'association « Abstraction-Création » dont nous avons parlé, et ledit salon. « L'association dite "Abstraction-Création" fondée en 1931, transformée en association dite Salon des "Réalités nouvelles" en 1946 a pour but : l'organisation en France et à l'étranger d'expositions d'œuvres d'art communément appelé : art concret, art non figuratif ou art abstrait, c'est-à-dire un art totalement dégagé de la vision directe et de l'interprétation de la nature », stipulait le premier article des statuts déposés

1. Samuel Beckett, *Le monde et le pantalon,* Ed. de Minuit, 1989, p. 25.

en 1946, présidé par Andry-Farcy (conservateur des peintures du Musée de Grenoble de 1919 à 1950). Il est composé de six membres dont Nelly Van Doesburg, qui en assure le secrétariat et Frédo Sidès, qui est désigné comme fondateur du Salon. C'est sous l'égide de ce comité que le « Premier Salon des Réalités nouvelles. Art abstrait, concret, constructivisme, non figuratif » ouvre pour la première fois ses portes au Palais des beaux-arts de la Ville de Paris le 19 juillet 1946. Dédié à la mémoire de Robert Delaunay, Théo Van Doesburg, Duchamp-Villon, Eggeling, Otto Freundlich, Kandinsky, Lissitsky, Malevitch, Mondrian, Rossiné, Sophie Taueber-Arp, Georges Valmier, ainsi que d'un critique, Yvanohé Rambosson, tous disparus à cette date, il en présentait simultanément les œuvres à titre rétrospectif, en même temps que celles de 79 artistes. Inauguralement contradictoire et indéfini le salon n'est ni un bilan de l'abstraction, malgré l'hommage rendu, ni un panorama attentif aux courants contemporains. L'ambiguïté que nous avions relevée dans « Abstraction-Création » se retrouve donc dès la première année. En 1947, le salon rassemble 146 exposants présentant 184 œuvres. Herbin est devenu vice-président du comité, on voit apparaître en qualité de membre Sonia Delaunay, Jean Dewasne et Jean Gorin. La publication annuelle des *Cahiers Réalités nouvelles* ponctuera l'activité des salons.

Dominique Viéville remarque à propos de la plupart des textes de ces cahiers : « D'expression naïve ou relevant plus rarement d'une réelle réflexion, de pareils textes abondent surtout dans les albums des années 1947-1950 ; ils sont dans leur majorité le fait d'artistes récemment convertis à l'art abstrait, dont les œuvres demeurent quelquefois en complète contradiction avec les assertions de leurs auteurs. »[1] L'éclectisme et la diversité sont évidentes à la seule vue des œuvres reproduites. Viéville

1. Catalogue de l'exposition *Paris-Paris*, Centre Georges-Pompidou, 1981, p. 272.

commente : « En cela, les Réalités nouvelles se montrent dans l'incapacité d'énoncer ou d'exposer une théorie de l'abstraction susceptible de renouveler les modèles de l'avant-guerre dont elles restent très largement tributaires, jusqu'aux malentendus qui avaient marqué le groupe "Abstraction-Création". » De ce foisonnement, de cet éclectisme à l'intérieur de l'abstraction, du manque de qualité procédèrent les premières critiques. De fait, l'intitulé « Art abstrait, concret, constructivisme, non figuratif » était à la fois trop sectaire et trop vague et d'évidence le salon ne se conformait plus à sa définition qui était de promouvoir un art de tradition géométrique, ainsi qu'en témoigne la présence au Salon de 1947 et de 1948, de Hartung, Atlan ou Mathieu. Ainsi, daté de 1948 mais publié en 1949, le premier manifeste du « Salon des Réalités nouvelles » porte la marque d'Herbin. Sa publication provoque le départ de tout un groupe d'artistes dont Atlan, Bryen, Engel Park, Vulliamy, Malespine et Mathieu, Deyrolle, Chauvin, Gilioli, mais aussi de Jean Dewasne.

Charles Estienne, dans un pamphlet devenu célèbre, *L'art abstrait est-il un académisme ?,* stigmatisera ce virage « formaliste » : « Les éléments de base du nouveau code plastique, les voici : c'est la forme géométrique et la couleur dite pure — pure c'est-à-dire pure de vitamines, impersonnelle au maximum, le plus dégagée possible des vibrations parasites de la modulation et de la matière. Bref, une esthétique picturale du plan coupé et de l'aplat (...) Le tout ne fait pas un signe ni même une mode, mais quelque chose de plus grave : une nouvelle routine, une nouvelle usure de l'œil et de l'esprit, bref un nouvel objet, le *nouvel objet extérieur* (...) Le nouvel objet, c'est lui : l'ennuyeux, le mortel décor abstrait qu'on veut codifier et imposer en guise d'art. » L'alphabet plastique de Herbin n'était pas le seul visé. Parmi les tendances essentielles qui se dégagèrent pendant ces années, il faut citer le travail du Suisse Richard Paul Lohse (1902-1988), qui partait du principe que forme et couleur sont des éléments quantifiables, réalisait ainsi des œuvres fondées sur le développement sériel, censées constituer une forme de perfection dans la voie de l'art concret. Lohse, Max Bill et Camille Graeser représentent l'une des forces de l'abstraction d'après guerre, ayant trouvé dans les modèles mathématiques le moyen de mettre fin à toute subjectivité et à tout arbitraire.

Il faut citer aussi Victor Vasarely (né en 1908) voulant, selon une « approche scientifique », réaliser une peinture sans arrière-plan subjectif et décoratif. Jean Dewasne, qui créa en 1950 l'*Atelier d'art abstrait*, où il tint lui-même un cours intitulé « Technologie de la peinture », réalisera de nombreuses peintures murales pour l'Université de Lille, le Musée de Grenoble, le Métro de Hanovre.

En fait, le « Salon des Réalités nouvelles » fut, comme « Abstraction-Création » avait pu l'être, le révélateur que l'abstraction n'obéissait plus à un mouvement historique mais à un « mouvement brownien », mais, également, qu'une véritable rhétorique de l'abstraction s'était instaurée ; s'y ajoutait la conscience chez certains artistes de l'inadéquation du tableau de chevalet ou de la sculpture aux tentatives abstraites, la conscience des tâtonnements qui ne pouvaient qu'en découler. Ainsi en 1950, le « Salon des Réalités nouvelles » présenta pour la première fois sous la forme d'une section désignée « Salle-Espace », une série de projets de décoration monumentale, de vitraux, de projets d'architecture, cherchant à préparer les conditions d'une collaboration entre architectes, peintres et sculpteurs. Dans une lettre au groupe « Espace », en 1956, Gorin stigmatisait à juste raison « les tableaux de chevalet sur plaques de fibrociment » en guise d'œuvres spatiales, « l'agrandissement de ce même tableau de chevalet à grande échelle sur des murs » en guise de polychromie architecturale.

D'évidence, le grand débat qui avait occupé *De Stijl* ou le Bauhaus n'était plus d'actualité.

C'est également la question du tableau ou de la sculpture traditionnelle que posait aux « Réalités nouvelles » en 1948 le groupe « Arte Madi » fondé à Buenos

Aires en 1946. « Arte Madi » présente des peintures articulées (Biedma, Rasas Pet), des sculptures modulables ou mobiles qui constituent, au cours de cette période, autant de jalons préparant la voie au cinétisme. Le problème du mouvement, conçu à partir d'une critique de l'abstraction dite géométrique et de son usage devenu aporétique dans le tableau de chevalet, va se trouver posé dès lors à de nombreuses reprises, notamment en 1954 par Tinguely qui anime à l'aide de moteurs électriques des formes géométriques élémentaires, blanches sur fond noir — tableau en mouvement — qu'il présente à la Galerie Arnaud. En 1955, à la Galerie Denise-René, aura lieu une exposition intitulée « Le Mouvement ». Sous l'égide de Calder et Marcel Duchamp, Agam, Pol Bury, Tinguely, Soto et Jacobsen présentent leurs travaux qui tous relatent l'essor de la nouvelle plastique cinétique ; nonobstant Jacobsen présentant des sculptures dont certains éléments mobiles permettent cependant d'en modifier la forme. (Une telle démarche trouvera son écho dans le groupe « Grav », groupe de recherche d'art visuel, fondé en 1960 et dont François Morellet, qui saura développer par la suite une œuvre géométrique originale, faisait partie.) L'abstraction posait une nouvelle fois l'évidence de l'inadéquation du médium et c'est à partir de la sculpture que cette fois la question était posée. L'hétérogénéité des mouvements esthétiques rendait cette fois le projet prétendument initial de « Réalités nouvelles » irréalisable. Un nouveau comité succédant à la démission d'Herbin proposera des statuts en février 1956 qui substituent à la formule initiale « Art concret, art non figuratif ou art abstrait » celle-ci : « Organiser des expositions d'œuvres d'art communément appelées art abstrait. » Sous son nouveau titre « Réalités Nouvelles, Nouvelles Réalités », le salon considérait dès lors la pluralité des développements de l'art abstrait renonçant une fois pour toute à en définir la nature.

Dans ce paysage chaotique où les recherches individuelles les plus fécondes finiraient par disparaître, il faut pourtant isoler les recherches de Lucio Fontana (1899-1968) qui publia en 1947 le premier *Manifesto Spaziale*, réalisant des œuvres où un rôle constructeur et opératoire était dévolu à la lumière. C'est en 1959 qu'il commença sa série des *Quanta* avec entailles ou trous. En 1958, il réalisera une série de grandes huiles simplement ouvertes d'une entaille. Le spatialisme de Fontana a marqué le groupe « Zéro » en Allemagne, mais aussi Yves Klein.

Le groupe « Zéro », fondé en 1957 à Dusseldorf par Otto Piene et Heinz Mack, réintroduit dans l'abstraction une dimension irrationnelle proche de l'esprit de Yves Klein.

Yves Klein (1928-1962) présente en 1950 à Londres ses premiers monochromes ; les préoccupations de Klein ne sont pas formelles mais d'une certaine façon mystique. En 1957 il présente à Milan onze propositions monochromes peintes uniformément en bleu outre-mer. Les monochromes de Klein démontrent sans équivoque ce qui était une des clauses de la pensée abstraite : que l'idée, sa genèse sont indissociables de l'œuvre, que l'œuvre présentée telle quelle sans la connaissance du processus qui l'a engendrée ne peut trouver son accomplissement (en tout cas son public). La question du monochrome pousse à son terme ce primat de l'idée et démontre bien que le procès de réification qui va donner naissance à l'œuvre en est indissociable.

Ainsi rien de plus opposé à l'art minimal ou à un monochrome de Ryman (né en 1930) qu'un monochrome de Klein. Rien de plus opposé à un monochrome de Klein qu'un monochrome ou plutôt, comme il les appelle lui-même, un Achrome de Piero Manzoni (1932-1963) (surface blanche faite de toile imprégnée de plâtre manifestant la disparition de la couleur, surface évoquant un univers aseptisé, une mort de la couleur sans la moindre connotation mystique).

L'histoire de l'abstraction, dont Paris voulut rester le centre pendant ces années 50, ne peut être faite que de manière lacunaire. Comment ne pas mentionner des artistes aussi différents que Etienne Beothy (1897-1962), Roger Bissière (1888-1964), Serge Poliakoff (1900-1969), Olivier Debré (né en 1920), Jean Degottex (1918-1988), Jean Deyrolle (1911-1967), Philippe Hosiasson (1898-1978), André Lanskoy (1902-1976), Gérard Schneider (1896-1986), Nicolas Schöffer (né en 1912), Pierre Soulages (né en 1919), Georges Mathieu (né en 1921), Etienne-Martin (né en 1913), Jean-Paul Riopelle (né en 1923), François Stahly (né en 1911), Tal-Coat (1905-1985), ou Joan Mitchell (1926-1992) ? L'effet de capillarité étant trop puissant d'une part, d'autre part le poids de l'héritage trop grand, héritage culturel bien sûr mais aussi formel et il semble que malgré les tentatives que nous venons de survoler l'abstraction n'ait su se séparer vraiment — les monochromes en témoignent — des formes traditionnelles, forme-tableau poussée à son terme par la monochromie ou déviée d'elle-même par le cinétisme, forme-sculpture ébranlée par le mouvement, il semble ici que le médium soit toujours plus puissant que l'effort pour le contredire.

Ainsi semble naître une peinture qui ne représente pas, même abstraitement, mais se définit par rapport à la surface affirmant sa bidimensionnalité. L'œuvre de Simon Hantaï (né en 1922 en Hongrie) préfigure de telles préoccupations. Hantaï se fait connaître dans les années 50 comme peintre gestuel issu du surréalisme mais, en 1960, il aborde l'espace de la toile de manière nouvelle à travers la méthode du pliage, il anticipe ainsi sur l'attitude de la génération suivante (Support-Surface), qu'il influencera très nettement. Hantaï manipule la surface d'une toile dégagée de son châssis en la pliant pour la recouvrir ensuite, « à l'aveugle », de peinture. Une fois dépliée, la peinture se « révèle » ; les zones blanches qui représentent le non-peint, s'opposent alors à celles que la couleur a investies. Une telle attitude par sa pauvreté, son refus du savoir-faire contraste singulièrement avec l'esprit de ladite Ecole de Paris. Hantaï veut, pour le citer, « banaliser l'exceptionnel », afin que de cette méthode naisse, toujours selon lui, « l'émerveillement ». Depuis 1960, Hantaï emploie cette méthode à l'exclusion de toute autre. La toile n'est plus pour lui un espace limité, prisonnier de son cadre mais, dès qu'elle est travaillée, un lieu qui échappe aux contingences du format et peut ainsi se développer dans l'espace.

Nous retrouvons une telle volonté au-delà de la question de l'abstraction dans les années 70 à l'intérieur d'un mouvement comme Support-Surface ainsi qu'en témoigne les œuvres de Marc Devade, Daniel Dezeuze, Louis Cane, Patrick Saytour, André Valensi, Claude Viallat, Jean-Pierre Pincemin, Noël Dola ou encore, chez des artistes plus solitaires comme Martin Barré ou François Rouan. Un autre mouvement témoigne de la crise d'identité qui traversa les arts plastiques au cours des années 60 et 70. Le 2 juin 1967, au musée des Arts décoratifs, le public était convié à assister à une conférence qui ne consistait en rien d'autre que « regarder des toiles de Buren, Mosset, Parmentier, Toroni » : quatre toiles de 2,50 m de côté accrochées en carré au fond de la salle. Celle de Buren était un tissu rayé de 29 bandes verticales de 8,7 cm de large alternativement rouges et blanches. Au centre de celle de Mosset il n'y avait qu'un cercle de peinture noire large de 3 cm pour un diamètre intérieur de 4,5. La toile de Parmentier présentait des bandes horizontales alternativement blanches (le tissu apprêté) et grises (passage à la bombe après pliage) larges de 38 cm. Toroni avait appliqué sur la sienne 85 empreintes de pinceau plat n° 50 disposées régulièrement en quinconce à 30 cm les unes des autres. La manifestation du groupe BMPT (la troisième depuis sa création en décembre 1966) reposait sur le principe et la volonté, ici manifeste, que chaque membre du groupe s'en tiendrait à sa « facture ». Le groupe se défit après un an d'existence mais le matérialisme radical de BMPT réduisant la peinture à sa seule existence, vouant l'œuvre à sa seule étantité, apparut sur la scène parisienne comme un point d'aboutissement de l'histoire de l'abstraction.

4. **Situation en Italie, Grande-Bretagne et Allemagne.** — Le rôle accordé à Paris dans les exégèses et le pouvoir d'aimant que cette ville joua sur les artistes a souvent occulté la situation de l'abstraction dans les autres pays d'Europe. La dimension toujours plus internationale de l'art contemporain et la circulation des œuvres après 1960 a également contribué à gommer dans nos mémoires le rôle de certains mouvements dans les années 50.

En Italie le *Gruppo degli Otto Pittori Italiani* (1952) devint le noyau d'un mouvement se tournant vers l'abstraction expressive, connu sous le nom d'*Informalismo.* Des œuvres d'Emilio Vedova (né en 1919) telle *Invasion* (1952) suggère l'énergie des premières toiles futuristes.

En Grande-Bretagne pendant les années 50, à Saint-Ives en Cornouailles, se rassemblèrent des artistes tels que Roger Hilton (1911-1975), William Scott (né en 1913), Terry Frost (né en 1915), Bryan Wynter (1915-1975) et Patrick Heron (né en 1920). En compagnie de Peter Lanyon (1918-1964) ils fondèrent une abstraction lyrique et romantique inspirée d'une dimension proprement anglaise du paysage et de la mer. Dans l'exposition *Nine Abstract Artists* organisée par Lawrence Alloway à Londres en 1954, cette abstraction romantique côtoyait la tendance constructive du groupe londonien centré autour de Victor Pasmore (né en 1908) et qui comprenait Adrian Heath (né en 1920), Anthony Hill, Kenneth et Mary Martin. Il faut également souligner le rôle décisif, à partir de 1964, qu'aura le sculpteur Anthony Caro (né en 1924) sur toute une génération de sculpteurs.

En Allemagne, en juillet 1949, un groupe d'artistes forma le groupe « Zen » auquel participa Willi Baumeister, mais aussi Julius Bissier (1893-1968), Ernst Wilhelm Nay (1902-1968), Theodor Werner (1886-1968), Fritz Winter (1905-1978), Bernard Schultze (né en 1915) et Emil Schumacher (né en 1912). Nous retrouvons dans ce groupe la dimension inauguralement spirituelle de l'art abstrait, spirituelle plus que philosophique. Cette tentative témoigne bien de l'indéfinition d'une telle dimension spirituelle qui chercha toujours au-delà de la peinture à trouver sa caution dans telle ou telle philosophie. Il faut à l'intérieur du groupe souligner le rôle de Bissier qui avait découvert la calligraphie de l'Extrême-Orient dès 1927. Cet élément spirituel se retrouvera, nous l'avons vu, exprimé de façon radicalement antithétique et sous d'autres raisons philosophiques par le groupe « Zéro » à la fin des années 50. Dans les années 70, les *Tableaux abstraits* de Gerhard Richter (né en 1932) joueront un rôle singulier sur la scène allemande et internationale.

II. — New York ou l'idée de l'Art moderne

1. **Une nouvelle donne de l'abstraction**. — Ce qui fit la puissance de l'abstraction américaine après guerre tenait à ces trois points : que l'abstraction n'apparaissait plus coupée de la société ; que pour les artistes déterminants que furent Newman, Rothko, Still ou d'autres, la genèse de l'abstraction tenait à la dimension spirituelle, philosophique, voire théologique qui venait réhabiliter la culture formelle qu'ils avaient engrangée et les amenait à refuser l'héritage pictural européen ; enfin et corrélativement, que contre le fini du tableau de l'abstraction européenne qui avait figé l'abstraction dans le tableau de chevalet, la question du format et celle du hors-tableau que posait ces artistes remettait à nouveau en cause le tableau de chevalet comme médium traditionnel.

Ce qui s'était sédimenté pendant des décennies se trouvait ainsi fissuré. Il est notable que nous retrouvions, ici, les trois conditions qui avaient fondé la puissance de l'abstraction à ses origines.

A) Le *Marxist Quarterly* publie en 1937 dans son premier numéro (revue fondée par un groupe d'intellectuels trotskystes de l'Université de Columbia) un article de Meyer Shapiro intitulé « Nature de l'art abstrait », Shapiro y réfutait les thèses formalistes soutenues par Alfred Barr dans *Cubism and Abstract Art*. Par ailleurs, contre

Barr et toute une tradition idéologique qui voulait séparer l'abstraction de la réalité sociale et la cloisonner dans des systèmes de genèse clos et étanches, il affirmait que celle-ci puisait ses ressources dans ses conditions de production, laissant entendre ainsi que l'idée d'indépendance de l'artiste par rapport au pouvoir était illusoire (souvenons-nous des retours à la figuration de Malevitch ou de Tatline).

« C'était, commente Serge Guibault dans son livre *Comment New York vola l'idée d'art moderne*, une proposition difficile à manier, une arme à double tranchant, car si elle détruisait l'illusion d'indépendance chère à Barr, elle mettait aussi en pièces la critique communiste qui accusait l'art abstrait de s'enfermer dans une tour d'ivoire coupée de la société. Cette non-indépendance de l'art abstrait désarmait totalement les deux camps. »[1] Le texte de Shapiro était donc le premier signe de dégel dans les positions qui opposaient le formalisme idéaliste et le réalisme social, et devait ainsi permettre une « réévaluation de l'abstraction ».

Symptomatique est le commentaire que fera Motherwell du tableau *Boogie-woogie* de Mondrian ; ce tableau était pour lui le signe d'une fissure décisive dans l'œuvre de Mondrian : « Pour la première fois, un sujet est là, non en vertu de son absence, mais réellement là, même si on est loin de l'aspect extérieur des choses et si seule la structure est mise à nu. La ville moderne, précise, rectangulaire et aussi bien d'aplomb vue par-dessus que par-dessous ou de côté ; lumières vives et vie stérilisée ; Broadway, blancs et noirs ; et le boogie-woogie, la musique souterraine de ceux qui sont tout à la fois résignés et rebelles, des trahis... Mondrian a quitté son paradis blanc pour rejoindre le monde. »[2] L'on retrouvera souvent dans les commentaires mais aussi probablement dans la conscience de production des œuvres, cette idée

1. Ed. Jacqueline Chambon, 1989, p. 36.
2. Cité par Forbes Watson in *American Painting Today*, Washington, The American Federation of Arts, 1939, p. 15.

qu'il y a une empreinte implicite, une marque de la ville américaine ou plus simplement même de l'Amérique en elles, que l'abstraction se nourrit de cette Amérique. Ainsi quand Greenberg imposera Pollock, sa présentation aura recours à la double stratégie, montrer comment celui-ci dépasse l'héritage européen et comment l'Amérique semble s'imprimer en son œuvre : « En peinture aujourd'hui un tel art urbain ne peut venir que du cubisme. De façon significative, le peintre le plus puissant que connaisse l'Amérique contemporaine et le seul qui promette de devenir un artiste de premier plan, est un disciple extrême, gothique, morbide, du cubisme de Picasso et de la période postcubiste de Mirò, tout cela teinté de Kandinsky et d'inspiration surréaliste. Son nom est Jackson Pollock... Car malgré toutes ses qualités gothiques, l'art de Pollock s'efforce d'affronter la vie urbaine ; c'est un art qui se cantonne dans la jungle solitaire des sensations, des pulsions et implications immédiates. C'est donc un art positiviste et concret. »[1]

B) La dimension spirituelle qui préside aux œuvres de Rothko, Still et Newman se double incontestablement de la puissance de l'anxiété que nous avons soulignée dans notre première partie. Il suffit d'écouter ces trois artistes.

Rothko en 1943 : « Parce que ce sont les symboles éternels que nous devons retrouver pour exprimer des idées fondamentales. Ce sont les symboles des peurs et des motivations primitives de l'homme, sans distinction de lieu ou de temps, qui changent en détail mais jamais en substance, que cet homme soit grec, aztèque, islandais ou égyptien. Et notre psychologie moderne les trouve encore à l'œuvre dans nos rêves, dans notre langage et dans notre art, malgré tous les changements extérieurs de notre mode de vie. »[2]

1. Clement Greenberg, *Jackson Pollock's New Style*, *Harper's Bazaar*, n° 2883, février 1952, p. 174.

2. Adolph Gottlieb et Mark Rothko, *The Portrait and The Modern Artist*, New York, octobre 1943.

Still en 1959 : « C'était un voyage qu'il fallait faire, en marchant tout droit et tout seul... Jusqu'à arriver, après le passage de vallées obscures et dévastées, à l'air libre, sur une haute plaine sans limites. L'imagination, désormais affranchie dès lors de la *peur*, se confondait avec la Vision. Et l'Acte, intrinsèque et absolu, devenait son sens, et le support de sa passion. »[1]

Newman en 1947 : « La forme d'expression primordiale de l'homme... a été un cri d'indignation créateur... de terreur et de colère devant sa *condition tragique*, son éveil à la conscience et sa propre impuissance en face du vide... Le premier discours de l'homme s'est adressé à l'inconnaissable. »[2]

C) Quant à la remise en cause du médium, elle passa d'abord par la question du format et ceci pour les artistes eux-mêmes, au-delà des gloses sur le *all-over* auxquelles Greenberg eut recours quand il imposa l'œuvre de Pollock. Soyons attentifs à nouveau à leurs propres commentaires.

Rothko en 1951 : « Je me rends compte que peindre de grands tableaux s'inscrit dans une fonction historique de représentation grandiose et pompeuse. Je le fais néanmoins — et je pense que cela s'applique aussi à d'autres peintres que je connais — (...). Peindre un petit format, c'est se désimpliquer de sa propre expérience, la voir comme à travers une lanterne magique ou un verre réducteur. Alors que peindre un grand tableau, c'est se mettre dedans. Ce n'est pas quelque chose dont on est maître. »[3]

Déclaration qui trouve son écho chez Motherwell en 1965 : « Le grand format, d'un seul coup, a détruit la tendance française vieille d'un siècle visant à domestiquer

1. Lettre à Gordon M. Smith in *Paintings by Clyfford Still.*

2. Barnet Newman, *The First Man was an Artist*, in *Selected Writings and Interviews*, New York, Alfred A. Knopf, 1990, p. 158.

3. Cité par Irving Sandler, in *Le triomphe de l'art américain*, t. I : *L'expressionnisme abstrait* (traduction revue), Editions Carré, 1990, p. 157.

la peinture moderne, à la rendre intime. Nous avons remplacé la fille nue et la porte vitrée par un Stonehenge moderne, par le sens du sublime et du tragique... Un des grands emblèmes (de l'expressionnisme abstrait) devrait être la brosse du peintre en bâtiment, employée pour une vision grandiose, dominée par une appréciation éthique qui vouerait l'habituel pinceau du peintre à quelque chose de mesquin. »[1]

L'on mesure bien ici que la question du format ne ressortit en rien à un quelconque formalisme, mais est au contraire liée à une préoccupation vitale et spirituelle. Pollock, par exemple, avait demandé dès 1947 une bourse de la fondation Guggenheim pour pouvoir peindre « des œuvres intermédiaires entre la peinture de chevalet et la peinture murale... Je considère la peinture de chevalet comme une forme moribonde, et la sensibilité moderne va vers la toile en tant que "mur entier" ou vers la peinture murale. »[2]

Dans son article de 1948 déjà cité, sur la crise du tableau de chevalet, Greenberg définit bien la notion de *all-over* : « Peut-être le *all-over* répond-il au sentiment que toutes les distinctions hiérarchiques ont été littéralement épuisées et annulées ; qu'il n'existe aucune échelle de valeur définitive permettant d'affirmer la supériorité intrinsèque de tel champ ou de tel ordre d'expérience »[3], mais il tire une fois de plus la notion vers un formalisme rigide, laissant de côté les deux évidences qu'elle implique : celle de la limite du tableau, celle du hors-tableau, comme celle proprement physique mais aussi métaphysique qu'affirme sans conteste les témoignages des peintres.

2. **Des conditions historiques singulières**. — Durant les années 30, où une grande partie des expressionnistes abstraits ont commencé leur carrière, les points de vue

1. Cité par Irving Sandler, *op. cit.*, p. 157.
2. Cité par Sandler, *op. cit.*
3. Clement Greenberg, *Art et culture*, Editions Macula, 1988, p. 174.

esthétiques dominants ont été façonnés, aux Etats-Unis, par la grande dépression annoncée par le krach boursier de 1929. L'administration Roosevelt décida de créer autant d'emplois qu'il le faudrait et fonda en 1933 le *Public Works of Art Project* (3 749 artistes ont produit des œuvres pour des institutions publiques) et en 1935 le *Federal Art Project* dirigé par la *Works Progress Administration* (WPA). De nombreux artistes y ont participé, notamment De Kooning : « Je devais produire un tableau toutes les six semaines. Il y avait ceux qui s'occupaient des peintures murales, et ceux qui travaillaient au chevalet. On ne me disait pas ce que je devais faire, j'étais complètement libre. Nous avions des problèmes d'argent, mais à l'époque tout le monde en avait. Des gens comme Stuart Davis, Arshile Gorky se repassaient du travail. C'était une période formidable, au beau milieu de la Dépression (...). Cela faisait notre affaire. »[1] Le *Project* a joué un rôle fondamental dans le développement de l'art américain. Il payait les artistes pour peindre, ce qui a permis à de nombreux jeunes artistes (Gorky, Pollock, De Kooning, Baziotes, Rothko, Gottlieb...) de vivre en peignant. Seul Newman refusa de participer au projet, d'abord parce qu'il gagnait plus d'argent à enseigner, mais aussi parce qu'il ne voulait pas se compromettre en acceptant les aumônes du gouvernement. L'expérience du WPA devint, dans les années 50, une sorte de visa pour le milieu artistique new-yorkais. Le *Project* aura eu comme effet durable d'engendrer une communauté artistique, surtout à New York.

La responsabilité sociale des artistes devait rester un problème épineux : ils rejetaient le réalisme social et le régionalisme et étaient attirés par les variantes géométriques du cubisme ; entre 1936 et 1939, de nombreuses expositions furent consacrées à l'avant-garde européenne.

1. Willem de Kooning, *Ecrits et propos*, Paris, Ecole nationale supérieure des Beaux-Arts, coll. « Ecrits d'artistes », 1992, p. 163.

Mais l'abstraction américaine était encore mal connue et peu acceptée. Entre 1939 et 1940 arrivèrent de nombreux artistes européens dont la plupart étaient établis à Paris. Entre autres : André Breton, Marc Chagall, Salvador Dali, Max Ernst, Fernand Léger, Jacques Lipchitz, Masson, Matta, Mondrian, Amédée Ozenfant, Kurt Seligmann, Yves Tanguy, Tchelitchev et Ossip Zadkine. C'est pourquoi l'affirmation que New York « vola » à Paris l'idée de l'art moderne doit être passablement nuancée. Sans oublier le rôle des exilés du Bauhaus, Gropius à Harvard, Mies Van der Rohe à Chicago, Marcel Breuer, mais aussi Moholy-Nagy qui fonda à Chicago dès 1938 un *New Bauhaus,* auquel succédera un Institut of Design jusqu'à la mort de l'artiste en 1946, Josef Albers (1888-1976) en Caroline du Nord qui enseigna au Black Mountain College de 1933 à 1949. L'artiste européen qui pourtant semble avoir eu le plus d'influence fut Hans Hofmann qui arriva aux Etats-Unis dès 1930.

En 1936 se forma un groupe, l'AAA *(American Abstract Artists).* Il rejetait l'impressionnisme, l'expressionnisme et le surréalisme et inclinait vers un art purement structural, très influencé par le néo-plasticisme. L'AAA critiquait l'attitude des musées qui négligeaient l'art abstrait américain, les préjugés des membres de l'AAA contre les styles non structuraux étaient trop enracinés ; l'AAA cessa d'avoir une quelconque influence dès la seconde guerre mondiale. Aucun des tenants de l'expressionnisme abstrait n'a appartenu à l'AAA ; ils reprochaient à l'AAA son étroitesse d'esprit et refusaient de se limiter au non-objectivisme. On retrouve parmi les opposants à l'AAA des artistes comme Rothko et Gottlieb, Hans Hofmann, Stuart Davis, Gorky, De Kooning, John Graham et David Smith. Ils formèrent alors trois groupes : *The Ten* (créé par Rothko et Gottlieb), un autre, centré autour de Hans Hofmann, et le dernier composé de Davis, Gorky et De Kooning.

Hans Hofmann dont on dit qu'il a été le professeur d'art moderne le plus important des Etats-Unis, a influencé par son enseignement de nombreux futurs expressionnistes abstraits, mais aussi des critiques tels que Clement Greenberg et Harold Rosenberg.

Leur position, comme l'a écrit un critique à propos du groupe des Dix, était de « s'efforcer de concilier le sens social avec l'héritage abstrait et expressionniste, afin de sauver l'art respectivement de la propagande et du formalisme »[1].

C'est grâce à l'activisme de divers musées, de l'AAA, de l'école d'Hofmann, des Dix, que l'avant-garde new-yorkaise est devenue la mieux informée du monde. Il ne faut pas négliger le rôle de la Bibliothèque de l'Université de New York qui abrita de 1927 à 1943 le Museum of Living Art d'Albert Gallatin. C'est là que la plupart des artistes de cette époque se familiarisèrent avec Cézanne et Seurat mais aussi leurs disciples (Picasso, Braque, Léger, Juan Gris), ainsi qu'avec des néo-plasticiens et des constructivistes (Mondrian, Vantongerloo, Van Doesburg, Naum Gabo et Lissitsky). (Il est à noter, *mutatis mutandis*, le rôle similaire de cette collection avec celui de la collection Chtchoukine.)

Ces différents groupes se sont dispersés pendant la guerre, et même si l'expressionnisme abstrait naissait à ce moment-là, il ne s'agissait plus que d'individus regroupés sous le terme d'Expressionnisme abstrait par Greenberg mais, ainsi que l'écrivait Greenberg dès les années 40 : « New York avait rattrapé Paris — Paris ne s'étant pas rattrapé lui-même — et un groupe d'artistes américains relativement obscurs possédait déjà la plus ample culture picturale de son temps. »[2]

3. **« Action Painting » et « Color-field »**. — Ce qu'on a appelé par commodité l'Expressionnisme abstrait s'est divisé en deux courants : *Action Painting* et *Color-field.*

En 1945, Sidney Janis désignait la « fusion des courants abstraits et expressionnistes », en citant notamment

1. Cité par Sandler, *op. cit.*, p. 33.
2. C. Greenberg, *New York Painting only Yesterday*, p. 85.

le travail de Hofmann et de Pollock. Un an auparavant Kootz avait écrit dans *New Frontiers in American Painting* que l'on pouvait déterminer l'avenir de l'art « si l'on connaissait le potentiel ultime de l'abstraction et de l'expressionnisme ».

Il faut remarquer que jamais auparavant la critique n'avait occupé un rôle aussi déterminant et cela ne tient pas seulement au fait qu'aux Etats-Unis l'artiste ait souvent aussi une fonction de critique ou que l'artiste devienne critique (Greenberg).

A) *Action Painting*. — Il y avait dans la peinture gestuelle (qu'Harold Rosenberg a appelé *Action Painting*) la volonté d'un corps à corps avec la peinture, d'un acte non réflexif, d'un engagement total, attitude qui justifie que ces peintres se soient détournés du cubisme pour le dépasser, jugeant que le but principal de celui-ci était la fabrication d'un tableau. Le geste *painterly* (pictural) leur semblait non seulement plus authentique, plus immédiat, jouant sur des surfaces à l'échelle de plus en plus importante, unifiant, déhiérarchisant cette surface ; cette peinture prenait le peintre, l'absorbait, et son acte devenait le moteur, le mouvement même d'une telle absorption.

Dès 1947, Pollock réalisa ses premiers *drippings*, légitimant qu'il préférait travailler au sol pour se sentir plus proche, faire davantage partie du tableau, « puisque ainsi je peux marcher autour, travailler des quatre côtés à la fois et être littéralement *dans* le tableau »[1]. S'interroger donc pour savoir si Pollock est l'inventeur du *dripping* par rapport à Max Ernst ou André Masson est méconnaître l'essence même du processus créateur de Pollock. C'est cette coprésence de l'artiste à la toile que suggère la même année Baziotes : « Ce qui se passe sur la toile est imprévisible et j'en suis toujours surpris... Chaque tableau possède son déroulement propre. L'un peut commencer

1. J. Pollock, My Painting, *Possibilities I*, n° 1, hiver 1947-1948, p. 79.

par quelques rares zones de couleurs sur la toile ; un autre par des myriades de lignes ; et un autre encore par une profusion de couleurs... Le sujet se révèle en cours de travail, ou lorsque la toile est finie. »[1]

Le peintre Georges McNeil a résumé ainsi le rapport à la spontanéité de peintres gestuels tels que De Kooning, Hofmann, Brooks, Kline et Guston : « Lorsque le hachage se ralentit pour finalement s'arrêter, lorsque la construction consciente des masses de couleur ou l'extension du mouvement — bref, les approches sophistiquées bien connues — cessent de forcer le tableau à continuer, je réagis en attaquant spontanément la structure morte par des lignes ou des couleurs, pour l'animer ou la ressusciter. Ici, l'intuition travaille exclusivement à secouer ou disloquer des relations connues, pour qu'elles basculent dans un inconnu qui permettra de retravailler la toile. Cette façon spontanée d'entamer ou de transpercer nie, ou devrait nier, les relations consciemment établies ; elle aide à bloquer l'élaboration qui affaiblit la peinture abstraite. Ainsi, la tendance consciente, incessante, vers l'expressivité alterne avec des "destructions" spontanées, subliminales, qui, mystérieusement, sont les phases les plus constructives de la peinture. »[2]

On ne saurait dire mieux ce qui sépare l'abstraction de l'Ecole de Paris, cherchant la fin du tableau, s'enfermant soigneusement en lui, et la dimension incontrôlable, puissante et ouverte de l'esprit des peintres américains, se sentant irréparablement à l'étroit dans le tableau.

L'*Action Painting* est le courant dominant de l'Expressionnisme abstrait, l'autre appelé *Color-field* et qui réunit Rothko, Still et Newman substitue au primat du geste et de la pulsion un arrière-plan philosophique et spirituel affirmé, et se caractérise formellement par la volonté de traiter la surface comme un champ par la couleur, ajustant les surfaces pour créer un champ unifié.

1. W.Baziotes, I cannot evolve any theory, *Possibilities I*, n° 1, p. 2.
2. G. McNeil, Spontaneity, *It is*, n° 3, hiver 1958, p. 14.

Hofmann. — C'est peu dire qu'Hofmann est nourri d'art moderne européen. Il vécut à Paris de 1904 à 1914 où il fut lié aux principaux artistes de l'avant-garde, en particulier Delaunay. De 1915 à 1936, l'essentiel de son temps, à Munich puis à Berkeley, fut consacré à l'enseignement. Il y a, dans l'œuvre d'Hofmann une étrange volonté syncrétique, comme s'il voulait concilier l'esprit des premières improvisations de Kandinsky, les abstractions de Mondrian, et un certain esprit du surréalisme. Etrangement cela ne donne pas pour autant un art éclectique, du moins plus à partir de 1943 où, comme le remarque justement Irving Sandler : « Dès 1943, Hofmann commence à opposer des zones de couleurs vives, à faire dériver la composition de leur interaction. Ceci impliquait de faire venir les zones en retrait à la surface et de repousser les zones saillantes, de façon à aplanir la surface du tableau. Ce *push and pull* transformait le tableau en un champ de forces dynamiques. »[1] Clement Greenberg observe par ailleurs qu'Hofmann abordait « la surface du tableau comme un objet sensible, et non inerte, que peindre était une question de tâter, de toucher et de marquer plutôt que de simplement inscrire ou couvrir... Et ce fut en partie grâce à Hofmann que la "nouvelle" peinture américaine en général se distingua par la vitalité nouvelle de sa surface »[2]. Sandler signale également qu'Hofmann versait déjà la peinture sur ses toiles trois ans avant que Pollock n'utilisât cette technique.

Hans Hofmann est né à Weissenburg en Allemagne en 1880. Il ne cessa réellement d'enseigner qu'en 1958 pour se consacrer exclusivement à la peinture ; il meurt à New York en 1966.

De Kooning. — A la question de David Sylvester concernant la série des *Women* (1950-1952), Willem De Kooning répondait :

« D. S. — Quand vous avez commencé à peindre vos

1. Cité par Sandler, *op. cit.*, p. 138.
2. C. Greenberg, *Hans Hofmann*, Paris, Editions Georges Fall, 1961, p. 24-25.

Women, vous faisiez quelque chose de beaucoup plus ouvertement figuratif que n'importe quel autre peintre de ce qu'on appelle l'*Action Painting*, ou que les expressionnistes. Vous deviez bien vous sentir un peu décalé ?

W. De K. — Oui. Cela m'a valu les attaques de certains artistes et de certains critiques, mais c'était leur problème, pas le mien. Je n'ai pas du tout l'impression d'être un peintre non figuratif. Certains peintres estiment qu'ils doivent revenir à la figure, et ce mot revêt une connotation ridicule. D'une certaine façon, tremper son pinceau dans la peinture pour peindre le nez de quelqu'un, c'est assez ridicule, d'un point de vue théorique aussi bien que philosophique. C'est vraiment absurde aujourd'hui de vouloir reproduire une image, comme l'image de l'homme, avec de la peinture, puisqu'on a le choix de le faire ou ne pas le faire. Mais tout à coup, il m'est apparu que c'était encore plus absurde de ne pas le faire. Alors je crains de devoir obéir à mes désirs. »[1]

De Kooning est inclassable et un tableau comme *Door to the river* (1960) un des plus puissants tableaux de l'histoire de l'abstraction. Et il faut être bien réducteur pour pouvoir affirmer, comme Greenberg l'a fait, que De Kooning avait toujours été un « cubiste tardif ».

« La recette pour réussir un parfait tableau ne m'a jamais intéressé... Je ne travaillais pas dans l'idée de la perfection, mais pour voir jusqu'où on peut aller — sans avoir vraiment l'intention d'y aller. Avec angoisse et une vocation pour la peur, peut-être, ou pour l'extase »[2], écrivait de Kooning en 1963. Dès 1949 il avait noté : « Il est impossible de savoir comment un style est apparu. Pour moi, il est des plus bourgeois de penser que l'on peut créer un style de toutes pièces. Désirer créer un style, c'est vouloir *justifier sa propre angoisse*. »[3]

1. W. De Kooning, *op. cit.*, p. 163.
2. W. De Kooning, Content is a glimpse, *Location I*, n° 1, printemps 1963, p. 47.
3. W. De Kooning, *Ecrits et propos, op. cit.* (nous soulignons), p. 17.

Willem De Kooning est né à Rotterdam en 1904, s'est installé à New York en 1927 où il fut peintre en bâtiment. Il travaille pour la WPA en 1935-1936, enseigne en 1948 au Black Mountain College. S'installe définitivement à Long Island en 1963.

Pollock. — On a fait de Pollock un solitaire, un homme affranchi de toute culture, surinterprétant sa peinture au gré des légendes tissées autour de sa vie. On a construit un mythe Jackson Pollock. C'était en fait un artiste cultivé, particulièrement réceptif à l'art occidental, il avait étudié de 1930 à 1932 avec Thomas Hart Benton qui l'avait initié à l'art de la Renaissance. Pollock avait alors copié Rembrandt, Rubens mais surtout Le Greco. On a retrouvé parmi les carnets de croquis de Pollock plus de 60 dessins d'après Le Greco. D'autre part, vers 1938, Pollock fut attiré par les fresquistes mexicains, intérêt que l'on peut lire rétrospectivement par le fait qu'ils étaient les seuls artistes à déployer un art mural autant qu'épique, par l'attirance aussi pour leurs sujets (scènes rituelles des Indiens, etc.). Pollock intégrera ces récits, qui pour les fresquistes devaient familiariser le peuple avec son héritage et avaient un contenu idéologique, à une mythologie personnelle. Sandler souligne que « l'intérêt de Pollock pour les contenus mythiques a sans doute été stimulé par l'article de John Graham, « Primitive Art and Picasso », paru en avril 1937 dans le *Magazine of Art* »[1]. Ce fut le peintre et critique John Graham qui découvrit Pollock comme De Kooning le rappelle avec insistance (W. De Kooning, *Ecrits et propos*, p. 125).

Il est indéniable que Pollock fut fasciné par Picasso, mais les œuvres de Picasso qui le retinrent furent les dessins préparatoires de *Guernica* ainsi que ceux inspirés par le retable de Grünewald publié dans la revue surréaliste *Le Minotaure*. Pollock a fait des centaines de croquis, de

1. Irving Sandler, *op. cit.*, p. 107.

variations sur de tels dessins de Picasso mais avec une violence et une véhémence incomparables. L'on peut lire le titre d'un de ses tableaux les plus célèbres *Search for a symbol* comme emblématique : Pollock puisa dans les mythes, certains titres de tableaux fournissant parfois les clefs d'accès au contenu, ainsi *Pasiphaé* et *Moby Dick*. Entre 1942 et 1946, mû par ce que Barnett Newman a désigné comme une « volonté ritualiste », Pollock lie le procès de la peinture à une sorte d'acte rituel. C'est en 1947 que Pollock efface de son travail tout symbole ou signe reconnaissable, pour ne plus prendre appui que sur les gestes, leur enchevêtrement en des lignes qui créent un champ frontal. La frontalité en excès de telles œuvres procède aussi de la modification du vécu positionnel entre l'œuvre produite (au sol) et l'œuvre reçue (au mur).

Irving Sandler juge que « l'atmosphère des *drippings* de Pollock participe de deux états affectifs contradictoires : l'extase et l'anxiété », ajoutant : « Bien que la plupart du temps ce soit la première qui l'emporte. » Si la remarque de Sandler est juste, il confond du moins l'exécution, l'exécuté, pourrait-on dire, de l'œuvre et sa transformation frontale, assimilable par l'histoire de l'art à un tableau. Il semble plutôt que l'anxiété domine dans la première phase afin d'ouvrir sur ce que Sandler appelle l'extase dans la seconde. Il serait préférable de substituer à extase le terme de fascination. En 1953, Pollock a épuisé toutes les possibilités du *dripping* et, comme à bout de souffle, il abandonne cette technique. En 1951-1952, sa palette s'est limitée au noir et blanc, en 1953 il réintroduit la couleur et recommence à peindre au pinceau ; Pollock se tuera en 1956 dans un accident de voiture.

Jackson Pollock est né en 1912 dans le Wyoming. De 1935 à 1943 il travaille pour la WPA. Il expose en 1950 à la Biennale de Venise. Il a marqué l'ensemble des artistes de sa génération tant par la puissance de son œuvre que par sa personnalité : « Il se méfiait de tout bavardage intellectuel. Il n'arrivait pas à participer — du moins tant qu'il n'avait pas bu. Mais il était habile — oh que oui ! Un peu éméché, il devenait bon, très bon, très provocateur. Mais il n'avait que mépris pour les gens qui parlaient — les donneurs de leçons » (De Kooning, *Ecrits et propos*, 1967, p. 126).

Kline. — Franz Kline, jusqu'en 1949, fut ce qu'on peut appeler un peintre « figuratif ». On retrouve chez lui — l'anecdote est célèbre — une vision qui n'est pas sans faire penser à celle de Kandinsky ; il se fit projeter un jour le détail démesurément agrandi d'un de ses croquis, mesurant alors que chaque trait, subissant une telle montée à la forme, une telle anamorphose, changeait de nature, gagnait une autonomie stupéfiante. Ainsi naquit le mythe fondé d'un passage du jour au lendemain à l'abstraction. L'autopsie du geste avait libéré le geste de toute forme, son « agrandissement » lui avait fait perdre le sens des limites. Avec Pollock, c'est probablement chez Kline que la notion de hors-tableau est la plus évidemment présente, la puissance du trait luttant sans cesse contre la limite du cadre. Harold Rosenberg souligne : « ... en comparaison de la force et de la tension générées par cette recherche chez Kline et De Kooning, chez Soulages elle a produit une image qui est molle, douce et méditative. Les grandes balafres des premières peintures de Soulages fonctionnent comme des plans élaborant une structure vers l'intérieur à partir de la surface du tableau, plutôt que comme des tracés d'énergie, comme chez Kline, et les reflets brunâtres de ses noirs suggèrent des assemblages de poutres et de tronçons de bois dans une lumière d'intérieur, par contraste avec les envolées déchiquetées qui traversent un espace vide chez Kline »[1].

Franz Kline est né en 1915 en Pennsylvanie et mort en 1962 à New York.

William Baziotes, né en 1912 à Pittsburgh, enseigna et travailla pour la WPA de 1936 à 1940 ; enseigna la peinture au Hunter College de 1952 à 1963, où il meurt en 1963.

1. Harold Rosenberg, *La dé-définition de l'art*, Ed. Jacqueline Chambon, 1992, p. 152.

Arshile Gorky, né en 1904 en Arménie, peintre insaisissable dont les historiens d'art ne savent s'il faut le considérer comme un surréaliste ou un expressionniste abstrait avant la lettre, mais qui de toute façon marqua, les témoignages concordent, esthétiquement et humainement cette génération d'artistes. Il se suicide en 1948 à New York.

Il faut citer également, parmi les peintres qui marquèrent l'*Action Painting*, Robert Motherwell. Né en 1915 à Aberdeen dans l'Etat de Washington, sa famille s'installe en Californie en 1918. De 1932 à 1938, il étudie à la California School of Fine Arts de San Francisco, à Standford et à Harvard ; voyage à Paris, enseigne au Hunter College de New York. Ses œuvres essentielles, tout en ayant des formes distinctes et plus gestuelles, ont de grandes affinités avec celles des peintres *color-field*, son œuvre mêle donc les deux tendances de l'expressionnisme abstrait.

Adolf Gottlieb, né en 1903 à New York, étudie en 1923 à la Parsons School of Design, travaille en 1936 pour le WPA, cofondateur du groupe des Dix, il meurt à New York en 1974. En 1950, Gottlieb entama une série de tableaux, plus tard intitulée *Eclatement,* composée d'un large disque pris dans un halo suspendu au-dessus d'une surface en lambeaux. Sandler conclut : « Gottlieb, en vérité, a réussi, mieux qu'aucun de ses contemporains, à traduire en un symbolisme abstrait les idées des peintres gestuels et des peintres *color-field.* »[1]

B) *Color-field.* — « Mais je l'ai dit et je le pense toujours, Barney et Mark, je les appelle des messies. »[2] C'est ainsi que Willem De Kooning se souvient de Barnett Newman et de Mark Rothko dans un entretien avec Joseph Liss en 1979. Barnett Newman et Mark Rothko étaient les fondateurs en 1947, avec Clyfford Still, de l'un des deux courants principaux de l'Expressionnisme

1. Sandler, *op. cit.*, p. 189.
2. De Kooning, *op. cit.*, p. 174.

abstrait appelé peinture *Color-field* (peinture de champ). Ils désiraient se centrer sur les potentialités expressives de la couleur sans pour autant négliger les problèmes formels que cela impliquait, le risque par exemple de tomber dans l'informe. Il s'agissait alors d'ajuster les surfaces de couleur pour créer un champ unifié mais aussi de laisser à chaque zone la même intensité chromatique. Traiter la surface comme un champ, par la couleur, nécessitait une certaine rigueur dans le dessin, la forme. Mais au-delà de ces problèmes formels, résolus par chacun selon des moyens picturaux plus ou moins différents, les peintres *color-field* avaient l'ambition de créer un art abstrait qui suggérerait le sublime, la transcendance, la révélation. On peut distinguer chez Newman, Rothko et Still deux attitudes différentes. Si, rejetant toute tradition picturale européenne ils ont, dans la première moitié des années 40, peint des semi-abstractions d'inspiration mythique, cherchant dans les mythes et les arts primitifs un influence plus à même d'évoquer leurs intentions visionnaires, dans la seconde moitié des années 40, ils changèrent de moyens picturaux. Il fallait débarrasser l'art de tout ce qui était familier, les idées reçues, les images et les formes convenues et proposer un art de « pure idée », créer un effet infini, on pourrait dire un espace infini, espace envahi par la couleur, un espace que même les bords de la toile ne pourraient arrêter.

Rothko. — Rothko consigne en 1949 : « Le travail dont la progression implique de voyager dans le temps, ira... dans le sens de l'élimination de tout obstacle entre lui et l'idée, et entre l'idée et l'observateur. En fait d'obstacles, je cite (entre autres) la mémoire, l'histoire ou la géométrie, qui sont des marécages de généralisation dont on tire des parodies d'idées... mais jamais une idée en soi. »[1] La peinture ou l'art de Rothko se voulait, selon l'expression d'Harold Rosenberg, « l'idée d'une idée ».

1. Cité par Sandler, *op. cit.*, p. 150.

Dans les années 40 il lit *La naissance de la tragédie* de Nietzsche mais aussi les tragédies grecques et la plupart de ses toiles ont à cette période pour prétexte les mythes de l'Antiquité qui, pour lui, véhiculaient des symboles psychiques intemporels. Il résume ainsi le sujet d'une de ses toiles, *The Omen of the Eagle* (1942), comme traitant de « l'Esprit du Mythe, générique de tous les mythes de tous les temps. Il implique un panthéisme dans lequel l'homme, l'oiseau, la bête et l'arbre — le connu aussi bien que l'inconnaissable — se fondent dans une idée unique et tragique »[1]. Ses premières images oniriques inspirées par la mythologie classique, datent de 1942. Vers les années 1945-1947 il peint des images de vaisseaux magiques influencées par le surréalisme, des organismes marins ou des accessoires utilisés dans les rituels primitifs. Rothko va peu à peu se débarrasser du contenu panthéiste de ses toiles, suggéré par ces images, sortes de mutations biomorphiques (que l'on retrouve d'ailleurs chez Newman), abandonner l'illustration de drames mythologiques, pour ne garder que la lumière, la forme et la couleur, pour ne garder que cette « idée unique et tragique ». C'est à partir de 1948 que Rothko « vide » ses toiles et peint des nappes de couleur qui semblent flotter sur la toile, des « champs » de couleur ; mais s'il se débarrasse de ses images et de toute référence mythique, la luminosité qui baigne ses toiles depuis le début reste et renforce l'effet de champ produit par la couleur. Ce qui n'était qu'un arrière-plan dans les toiles de sa période mythique (les bandes horizontales de couleur) devient l'unique image après 1950, seule présence sur la toile. Dès lors, Rothko, comme s'il avait trouvé sa « voie », ne cesse de ranimer ce modèle pour garder une apparence d'ensemble. Toujours dans le même entretien avec Joseph Liss, Willem De Kooning relate ses impressions lors d'une exposition de son ami : « ... Oh ! Je me souviens de

1. Cité par Sidney Janis dans *Abstract and Surrealism Art in America*, New York, Reynal & Hitchkok, 1944, p. 118.

sa grande exposition au Museum of Modern Art, en 1961. J'ai trouvé ses tableaux merveilleux, et je lui ai répété la parole de Jésus : "Ma maison a de nombreuses demeures." Je me suis dit qu'il n'en avait peut-être rien à faire de Jésus, mais cette parole, je la trouvais très belle appliquée à son œuvre. Alors je lui ai dit : "Mark, j'ai vu votre exposition. Je l'ai trouvée très belle et... Votre maison a de nombreuses demeures." Sachant comment il avait travaillé, tous ces tableaux ne faisaient qu'un, avec de nombreuses demeures » (De Kooning, p. 179).

Rothko ne gardait que deux ou trois éléments par toile, de grands rectangles simplifiant la composition, en disposant symétriquement ces formes l'une au-dessus de l'autre. Il a répété cette composition dans toutes ses toiles ultérieures. Ses tableaux, dont beaucoup de très grand format, étaient destinés à être exposés dans les lieux publics. La Chapelle de l'Institut de religion et de développement humain de Houston lui commanda d'ailleurs, en 1965, une série de tableaux, ce fut sa dernière commande. Dès cette période sa peinture s'assombrit, Rothko ferme la porte de son atelier et en fait son sanctuaire ; il se suicide dans son atelier en 1970.

« Tout a commencé comme une aventure inconnue dans un espace inconnu », avait-il écrit en 1943[1].

Mark Rothko est né à Dvinsk en Russie en 1903, il émigre aux Etats-Unis avec sa famille en 1913 qui s'installe à Portland dans l'Orégon. En 1925 il part pour New York et étudie à l'Art Students League avec Max Weber. En 1927 il fait des cartes pour le livre d'histoire biblique *La bible graphique* de Rabbin Louis Browne. Il rencontre Adolf Gottlieb en 1929 avec qui il fonde en 1935 le groupe des Dix *(The Ten)* avec lequel il expose régulièrement. En 1936 il rencontre Barnett Newman et il travaille pour la WPA. Il s'installe dans le désert d'Arizona entre 1937 et 1939, puis revient à New York où il rejoint

1. Mark Rothko, *The Romantics were prompted*, p. 84.

Gottlieb et Newman, prenant part aux débats sur la peinture abstraite. Pendant l'été 1947 il enseigne à San Francisco avec Clyfford Still et en 1948 il est cofondateur de la Subjects of the Artist School à New York. Il commence en 1965 une série de toiles commandées par la Chapelle de Houston au Texas. De 1969 à 1970 il peint une série de toiles noires, grises ou brunes.

Still. — C'est en 1947 que Clyfford Still peint ces tableaux apparentés au *Color-field*, par lesquels on le connaît. Au lieu de construire des formes distinctes se dégageant d'un fond, le champ de couleur se parcellise souvent à ses extrémités comme par un procès de contagion ou de déchirure. Le tracé en lambeaux accentue l'ouverture des surfaces, augmente l'effet de format. Sandler a raison de constater « que la peinture de Still donne une impression d'illimité encore plus grande que celle de Rothko et Newman ». Still est le plus énigmatique de ces peintres, le seul qui combattit ouvertement le cubisme dont il refusait tout. Mais il détestait plus encore le géométrisme du Bauhaus, signe à ses yeux d'une idéologie mécaniste et d'une société qui subordonnait irrémédiablement l'individu. Nous retrouvons chez Still la dimension mystique déjà présente chez Rothko et qui trouvera chez Newman une puissance quasiment théologique. Chez Still cependant, elle demeure informulable autrement que dans l'espace de l'œuvre. Le passé représentait pour Still « un faisceau d'histoire confit dans le dogme, l'autorité, la tradition (...) Lui rendre hommage, c'est célébrer la mort. Nous portons tous sur notre dos le fardeau des traditions »[1]. Still s'est plus amplement expliqué sur ce point dans la déclaration suivante : « Où que nous puissions regarder durant les années 20, du côté des anciennes cultures ou de celui de nos propres mythes scientifiques, esthétiques et sociaux, nous avons manifestement trouvé très peu de réponses valables concernant l'intuition ou

1. Clyfford Still, *Statement*, Catalogue de l'exposition *Fifteen Americans*, New York, MoMA, 1952, p. 21.

l'imagination. Ceux qui se sont tournés vers l'Ancien Continent pour y chercher des moyens d'accroître, ici, dans un pays plus neuf, leur autorité, n'ont pas dissipé le brouillard ; ils l'ont encore épaissi... Mais, comble de l'ironie, l'Armory Show de 1913 a déversé sur nous les conclusions truquées et stériles de la décadence européenne... Pour ma part j'ai refusé d'accepter ces ultimatums. Ajouter à son corps de référence ou de "sensibilité" serait de ma part un suicide intellectuel. »[1] L'abstraction de Still a évolué à partir de deux images symboliques que l'on pourra continuer à lire allusivement dans ses tableaux radicalement abstraits ; l'une étant cet homme debout, seul, « tout droit et tout seul », sur le fond dégagé d'un paysage nu, l'autre étant le couple Soleil-Terre noire, image dualiste et probablement métaphorique si l'on tient compte de la culture de Still, lecteur de Nietzsche et de Blake. Les textes de Still accréditent cette idée d'un artiste pionnier explorant un territoire mythique et la critique a voulu voir, analogiquement, dans ses abstractions, les panoramas de l'Ouest américain, ses excavations, ses failles. L'œuvre de Still est « essentiellement » américain, mais dans un sens autre, peut-être, que celui qu'on lui a assigné. Si l'œuvre de Still ouvre au-delà d'une frontière, vers un territoire inconnu, ce n'est pas forcément celui de l'Ouest américain. La dimension métaphysique de son œuvre elle-même reste inexplorée.

Clyfford Still est né en 1904 à Grandin dans le Nord-Dakota. Entre 1904 et 1920, il vit d'abord à Spokane dans l'Etat de Washington, ensuite à Bow Island au Canada. Il fait un séjour à New York en 1924. Entre 1935 et 1941, il enseigne à la Washington State University et en 1945 s'installe à New York. Entre 1946 et 1948, il enseigne à la California School of Fine Arts à San Francisco. Il est de retour à New York en 1948 où il fonde (avec Rothko notamment) le Subjects of the Artist

1. Clyfford Still, Lettre à Gordon Smith, janvier 1959.

School. Il fait des séjours occasionnels à San Francisco entre 1950 et 1960. Still aura stigmatisé les conservateurs, les critiques, les marchands et les collectionneurs, aura refusé toute concession, considérant le monde de l'art new-yorkais comme vénal. De 1952 à 1958, il refusa d'exposer où que ce fût, ainsi il quitta New York en 1961. Il est mort en 1981 dans le Maryland.

Newman. — Barnett Newman a beaucoup écrit, de manière souvent critique et polémique ; la plupart des expressionnistes abstraits, quand Newman commença à exposer dans les années 50, étaient hostiles à sa peinture. Extrémisme ? Peut-être, parce que Newman a poussé la peinture *color-field* à l'extrême, parce que cessant de peindre cela dura cinq ans. Cinq années d'errance durant lesquelles il écrit pour ou contre l'art, persuadé qu'il était que pour devenir peintre il fallait ne plus peindre et repenser le problème depuis le début en essayant de comprendre la situation de l'art moderne. Il fallait d'abord analyser le passé, réinterpréter l'histoire de l'art, mais aussi le passé le plus proche. Newman rejetait, plus encore qu'aucun expressionniste abstrait, toute la tradition européenne, le néo-plasticisme comme toutes les abstractions cubistes, mais il précisait également que sa peinture n'était ni « le découpage ni l'aménagement de l'espace, ni la construction, ni la destruction fauviste ; ni la ligne droite, étroite et pure ; ni la ligne torturée, déformée, humiliante ; ni l'œil exercé — tout dans le doigté ; ni l'œil hagard du rêve — tout dans le clin d'œil »[1]. Il avait une antipathie particulière pour le surréalisme académique, il écrivit en 1946 que la tentative des surréalistes pour « rendre le réel plus réel par le biais de l'illusion aboutit à un théâtralisme qui est la raison ultime de son échec. Nous avons fini par démasquer l'illusion, par comprendre que pour les artistes aussi, c'était une illusion ; que c'était eux qui étaient dépourvus du sens magique. Car le réalisme, y compris celui de l'imagination,

1. Barnett Newman, *The Ideographic picture, op. cit.*, p. 108.

est en fin de compte trompeur. C'est là que réside la différence avec l'artiste océanien... Et nous la percevons, parce que nous voyons que c'est venu de l'intérieur vers l'extérieur. Aucun tour de passe-passe journalistique. L'artiste primitif nous offre une vision complète et naïve »[1]. Newman répudiait globalement l'art moderne parce qu'il tendait vers la réalisation de la forme parfaite ; au lieu de rechercher la forme parfaite, figurative ou abstraite, géométrique ou *painterly*, Newman abordait la possibilité d'un art neuf où « la forme peut être informe », un art qui suggérerait le mystère du sublime plutôt que le beau. Pour considérer la notion de sublime, il fallait renoncer aux notions de qualité et de perfection qui étaient, pour lui, les fondements de l'art européen. C'est à la fois ce rejet de l'art européen et cette nécessité de créer un art sublime qui poussa Newman à s'intéresser à l'art primitif et aux mythes (il fit partie à la fin des années 40 de ce qu'on a appelé les *myth-makers* — faiseurs de mythes — qui trouvaient leur inspiration dans l'art primitif, en particulier celui des Indiens de la côte Nord-Ouest, il organisa d'ailleurs plusieurs expositions d'art primitif océanien).

Harold Rosenberg, dans un article sur Newman intitulé « Un peintre d'icônes, Barnett Newman », écrit : « A ses yeux, la peinture n'était pas une organisation des formes, de la couleur et de la ligne ; c'était la célébration d'un événement "sublime", une évocation de l'inconnu. »[2] Cette « évocation de l'inconnu », il la trouve dans l'art primitif et dans les mythes, dans cette abstraction de la forme qu'il cherche chez les artistes primitifs. Comme s'il traquait dans l'art primitif cette « pure idée » qui est pour lui la « base d'un acte esthétique », qui « établit le contact avec le mystère — de la vie, de l'homme, de la nature, du noir et dur chaos qu'est la mort, ou du chaos plus gris et plus mou qu'est la tragédie »[3]. Cette

1. Cité par Sandler, *op. cit.*, p. 176.
2. Harold Rosenberg, *op. cit.*, p. 98.
3. Barnett Newman, *The Ideographic Picture, op. cit.*, p. 108.

notion de « pure idée » il la lie à l'art primitif et au sublime : « Comment, si nous vivons à une époque sans légendes ou mythes qu'on puisse qualifier de sublime, si nous refusons d'admettre l'exaltation née de pures relations, si nous refusons de vivre dans l'abstrait, comment pourrions-nous créer un art sublime ? », écrivait-il dans « The Sublime is now » en 1948, dernier texte qu'il ait donné à la revue *Tiger's Eye*. Ses écrits ont anticipé non seulement sa peinture *color-field*, mais également celle de la période précédente, ses abstractions biomorphiques empreintes de connotations mystiques. Quand il recommence à peindre, vers 1944-1945, ses images sont marquées de références mythologiques, trois tableaux seulement de cette période ont un titre : *Gea*, 1945 ; *The Slaying of Osiris (Le meurtre d'Osiris)*, 1944 et *The song of Orpheus (Le chant d'Orphée)*, 1944-1945. Thomas B. Hess, biographe de Newman, voit dans ces trois titres *(Gea, Osiris* et *Orphée)* un point commun : le monde de la vie après la mort et pour lui, « il semble évident que l'artiste a voulu commémorer ainsi son retour à la peinture après avoir passé si longtemps à écrire, à étudier, à parler et à chercher une issue à la crise de l'art moderne »[1].

Mais qu'entend Newman par sublime ? Il s'en explique dans « The sublime is now », critiquant le sublime pour Longin, Kant et Hegel. Burke est le seul à trouver grâce à ses yeux. Ce texte puise sa nécessité dans la volonté de reconquérir une notion de sublime dans la peinture moderne : « Nous sommes en train de nous libérer des entraves de la mémoire, des associations, de la nostalgie, des légendes, des mythes, de tout ce qui a constitué les expédients de la peinture occidentale. Au lieu de bâtir des cathédrales à partir du Christ, de l'homme ou de la “vie”, nous les bâtissons à partir de nous-mêmes et de nos propres sentiments. L'image que

1. Thomas B. Hess, *Barnett Newman*, Paris, Grand Palais, 1972.

nous créons est le produit évident d'une révélation, réelle et tangible, susceptible d'être comprise par quiconque la *contemple* sans les lunettes nostalgiques de l'histoire. »[1] Nous retrouvons, ici, répondant à l'anxiété naissant du sublime (présente dans les textes de Burke), la contemplation que l'œuvre se fixe comme réponse, Newman renouant avec le binôme anxiété-contemplation que nous avons souligné dans notre première partie. L'image que crée Newman est bien le produit d'une révélation, mais si cette révélation semble pour lui dégagée de toute l'histoire occidentale, elle a son histoire singulière. A la suite de ses tableaux à sujets mystiques et à images biomorphiques, un tableau de 1946 dont le titre évocateur va définitivement pousser Newman dans une autre voie : *Genesis the Break*, et avec lui, *The death of Euclid* de 1947 fissurent l'œuvre de Newman. Dès lors, ses tableaux ne consisteront plus qu'en lignes coupant un espace monochrome ; leur verticalité évoque les aspirations de l'homme au sublime. Vers 1949, il commence à travailler sur des formats gigantesques afin d'inonder littéralement le spectateur de couleur. La couleur suggère sa vision personnelle du sublime : envahissement, immensité, mais aussi simplicité extrême, sévère, et qui tend vers l'absolu. Il s'agit bien ici de révélation. On a souvent parlé, à propos de Newman, d'une influence cabalistique. Chez ses parents, Juifs polonais, le judaïsme prenait la forme d'un immense respect pour l'instruction et la connaissance. Newman a donc été élevé dans la foi juive, mais autant dans le respect des valeurs américaines. Newman apprit le yiddish très tard pour pouvoir lire un journal anarchiste. La tradition pourtant le suit et le hante. Newman n'en parle pas, son œuvre parle pour lui. En 1957 il commence la série des *Chemins de croix (Stations of Cross)*, seulement une semaine après sa sortie de l'hôpital à la suite d'une crise

1. Barnett Newman, *The Sublime is now, op. cit.*, p. 173.

cardiaque. Newman a consacré de nombreux textes à ces 14 *Chemins de croix* auxquels il donné le sous-titre araméen *Lema Sabachthani* :

"*Lema Sabachthani* — pourquoi ? Pourquoi m'as-tu abandonné ? Pourquoi m'abandonner ? Dans quel but ? Pourquoi ? C'est cela la Passion. Ce cri de Jésus. Ce cri n'est pas la terrible montée de la Via Dolorosa, mais cette question sans réponse. »[1]

Le trait de Newman, comme celui de l'homme primitif, est un geste, un « cri » dans le vide. Ce trait, cette ligne est le signe d'une présence, de sa présence, mais aussi de la présence de celui qui regarde. Harold Rosenberg écrit : « La caractéristique principale d'un tableau de Newman, c'est qu'il est là, en tant qu'entité tenant la nature en échec. »[2]

Rosenberg a ici doublement raison, d'abord parce que cette nature, Newman la rejette, elle est une entrave à son désir de transcender le chaos, mais encore parce qu'il affirme une métaphysique de la présence immanente à l'œuvre. Newman, dans un interview avec David Sylvester, avance : « ... La peinture devrait donner à l'homme un sens du lieu : qu'il sache qu'il est là, afin d'être conscient de lui-même (...) Et l'une des choses les plus gentilles qu'on ait jamais dites à propos de mon œuvre c'est lorsque vous avez dit vous-même qu'en se tenant devant mes tableaux on prenait conscience de sa juste mesure. »[3] Ainsi que le remarque Sally Bonn[4], la première œuvre d'art dans l'histoire du peuple d'Israël est le sanctuaire construit dans le désert, dont seuls les textes conservent encore le souvenir. L'appellation Demeure *(mishkan)* le désigne comme « lieu d'habitation » de la présence de Dieu parmi son peuple. La notion de « Pré-

1. Barnett Newman, From Barnett Newman : The Stations of Cross, *Lema Sabachthani, op. cit.*, p. 187.
2. Harold Rosenberg, *op. cit.*, p. 99.
3. Barnett Newman, *op. cit.*, p. 257.
4. Sally Bonn, *Barnett Newman et la philosophie*, thèse de doctorat en cours, Université Paris X - Nanterre.

sence » est fondamentale dans la théologie et la mystique juives. Immatérielle dans son essence, sa localisation toute symbolique devient le centre réel du culte. Comment ne pas rapprocher cet « être-là » des textes de Newman, de celui de Rosenberg, et de la mystique juive, de certains titres des tableaux de Newman, la série intitulée *Now*, et la série de sculptures intitulée *Here*, mais aussi des tableaux tels que *Pas-là-bas-ici*, ou *Ici même*.

Newman est né à New York en 1905. Entre 1922 et 1926 il étudie à l'Art Student League à New York, tout en s'inscrivant en 1923 au City College de New York, il y obtient en 1927 une licence de lettres et pense pouvoir commencer une carrière de peintre. Il sera obligé de reprendre l'affaire de son père de 1927 à 1937. Mais dès qu'il peut enfin commencer à peindre, il s'arrête, à bout de souffle, incapable de peindre entre 1939 et 1944. En 1949 il enseigne à la Subjects of the Artist School à New York, en 1959 il dirige des Ateliers artistiques au Canada. En 1965 il expose à la VIIIe Biennale de São Paulo au Brésil. Barnett Newman est mort en 1970 à la suite d'une autre crise cardiaque.

4. **Le triomphe du formalisme.** — C'est un contresens manifeste que des ouvrages consacrés à l'abstraction puissent regrouper dans une détermination commune Newman, Reinhardt et *a fortiori* Stella[1]. Un souci d'efficacité formaliste a conduit Stella à se pencher sur les œuvres de Newman, mais Stella n'y vit que les clauses formelles. Stella ne s'est jamais préoccupé de l'essence métaphysique de l'œuvre de Newman et l'on pourrait même dire qu'il ne l'a regardé que malgré ou indépendamment de son contenu philosophique ou théologique. Non seulement cela le laissait indifférent, mais c'était tout ce qu'il voulait nier, gommer, oublier, de la peinture. C'est en fait sur les écrits et l'œuvre de Reinhardt, mais également sur les cri-

1. Michel Ragon, Le retour à la rigueur, in *Journal de l'art abstrait*, Ed. Skira, 1992.

tiques de Greenberg que Stella fonda son esthétique. Il faut pour mieux le saisir mesurer ce qui oppose si fondamentalement ces deux peintres contemporains que sont Reinhardt et Newman.

Reinhardt. — Ad Reinhardt est né en 1913 à Buffalo (Etat de New York), étudie de 1931 à 1935 à la Columbia University (New York) puis à la National Academy of Design. Il est le seul des artistes que nous avons évoqués à faire partie, de 1937 à 1947, de l'AAA, de 1947 à 1967 il enseigne au Brooklyn College, de 1959 à 1967 au Hunter College. Il meurt à New York en 1967.

Parmi les artistes de sa génération Reinhardt fut le seul, de façon polémique et péremptoire, à requérir la « purification » de la peinture en gommant de façon systématique et volontariste non seulement toutes références extra-formelles ayant trait à la vie ou la biographie, mais plus encore toute dimension spirituelle ou métaphysique. Il ne cessa de stigmatiser les expressionnistes abstraits, leur reprochant d'être empêtrés dans un fatras spirituel et psychologique qui nuisait à la prétendue puissance formelle de l'œuvre. Nous touchons ici à un débat de fond qui exclut que Reinhardt, même s'il tenait à figurer sur les photos de groupe de cette époque, puisse être assimilé, en quelque façon, à des artistes comme Newman, Rothko ou Still. Pour Newman, Rothko et Still (mais aussi d'une autre façon pour Pollock, De Kooning, etc.), l'œuvre n'est en tant qu'étant que parce qu'elle est un transcendantal de l'être (quel que soit le nom que ces artistes lui assignent : sublime pour Newman, révélation pour Still, etc.). En revanche, pour des artistes comme Reinhardt ou, nous le verrons, Stella, l'œuvre ne vaut qu'en tant qu'étant, strictement inscrite, rivée dans son étantité, résolument assignée à elle et destinée seulement à explorer ses modalités. Reinhardt n'essaie-t-il pas de ridiculiser, pensant à Still, Rothko et Newman, « cette absurde transcendance, cette représentation d'une réalité derrière la réalité » à laquelle il voulait opposer « une peinture pure (purifiée), dépourvue d'illustration, de distorsion, d'illusionnisme, d'allusion ou d'artifice »[1], écrivant encore : « La seule chose à dire au sujet de l'art, c'est qu'il est (...). L'art, c'est l'art-en-tant-qu'art, et tout le reste, c'est tout le reste. »[2]

On mesurera l'ampleur de l'opposition que nous essayons de traduire et l'antipathie profonde des peintres de l'*Action Painting* pour un tel formalisme, mais plus encore de Rothko, Still ou Newman, en considérant cette profession de foi de Rothko : « Je préférerais conférer des attributs anthropomorphiques à une pierre plutôt que déshumaniser la moindre possibilité de conscience. »[3]

Lucy Lippard note en 1965 : « Reinhardt est maintenant reconnu comme un rebelle et un prophète ; il fait l'objet de l'admiration générale, mais par rapport aux tendances récentes, il fait figure de précurseur, non de modèle. »[4] Là encore la surévaluation de Reinhardt est avérée. Ses peintures noires de format carré, très proches des abstractions à bandes noires de Stella, n'ont été exécutées qu'à partir de 1960 et rares sont ceux qui les ont vues avant l'exposition *Americans* en 1963 au Museum of Modern Art. Ces carrés noirs sont des toiles de 1,50 m de côté divisées horizontalement et verticalement en trois bandes égales de sorte à créer neuf carrés identiques peints quasiment uniformément en gris sombre. Ces carrés monochromes constituaient pour Reinhardt la forme définitive et indépassable de la peinture, et il professa qu'il ne cesserait de la répéter jusqu'à la fin de sa vie, ce qu'il fit.

Il est paradoxal qu'à l'intérieur du dogmatisme radical de Reinhardt, Greenberg ait été une de ses cibles favorites ; Greenberg, que nous avons souvent cité, accentua logiquement au fil des années la dimension empirique-

1. Ad Reinhardt, dans le catalogue *Ad Reinhardt*, New York, Betty Parsons Gallery, 1947.
2. Ad Reinhardt, *Art-as-Art*, *Art International*, 20 décembre 1962, p. 36.
3. Mark Rothko, *Personnal Statement*, catalogue de l'exposition *A Painting Prophecy*, 1950.
4. Lucy Lippard, *New York Letter*, *Art International*, mai 1965, p. 52.

ment formaliste qui s'était inauguralement dessinée dans ses textes, il devint le pilier incontestable de la critique formaliste. La peinture ne devait se référer qu'à elle-même, et se suffire à soi-même, comme un objet. De même pour la critique, qui devait se préoccuper uniquement de problèmes formels. De fait, Greenberg se concentrait de façon si exclusive sur les éléments formels de l'art que, pour citer une anecdote saisissante rapportée par Barbara Rose, en « analysant une toile de Picasso, *Le charnier*, il ne s'est pas senti tenu de mentionner, même en passant, que le sujet était un camp de la mort, et pas davantage d'examiner les qualités expressives spécifiques du vocabulaire de formes utilisées par Picasso »[1].

Stella. — Stella est l'artiste qui va dominer cette esthétique formaliste. Dans un article intitulé « Jeunes maîtres et nouveaux critiques Frank Stella », Harold Rosenberg écrit : « La réponse de Stella à l'art américain de l'après-guerre a été de le réinterpréter en termes de problèmes strictement formels — comme la profondeur et le manque de relief, le format, la forme, la texture, la répétition —, comme s'il disséquait en salle de classe De Kooning, Pollock, Kline et Hofmann. »[2]

Si le caractère littéral, mais surtout les grands formats des toiles de Stella, les distinguent des toiles de Reinhardt, les reliant apparemment à l'expressionnisme abstrait, ce n'est que pour mieux rejeter celui-ci. Ici s'ouvre le débat *painterly/post-painterly*. Si De Kooning est probablement le modèle du peintre *painterly*, Stella peut être considéré comme le modèle du peintre *post-painterly*. Le texte de Rosenberg commençait par la notation suivante : « Avec une rétrospective au Musée d'art moderne à l'âge de trente-trois ans, Frank Stella est un artiste qui n'a pas perdu son temps. »[3] De fait, Stella n'a pas perdu de

1. Barbara Rose, *Problem of Criticism*, IV : *The Politics of Art*, Part 1, « Art Forum », février 1968, p. 32.
2. Harold Rosenberg, *op. cit.*, p. 128.
3. H. Rosenberg, *op. cit.*, p. 125.

temps. Il a indéniablement ouvert une voie nouvelle aux peintres de sa génération, tels Judd et tous ceux qui refusaient la peinture *painterly*. Mais Stella niait vouloir faire de la sculpture et disait ne découper le châssis qu'afin de diminuer l'effet d'illusion de perspective suscité par la structure concentrique de ses peintures à bandes noires. La finalité étant d'accroître encore la planéité (on comprend l'adhésion immédiate de Greenberg). Ce faisant, Stella « liquidait » le tableau en tant que lieu de l'abstraction. D'autres peintres *post-painterly* peuvent être liés au formalisme : Morris Louis (1912-1962), Kenneth Noland (né en 1924), Jules Olitski (né en 1922). Il faut souligner à l'origine le rôle déterminant de Josef Albers sur l'œuvre de Kenneth Noland. En 1956 Noland trouva son premier motif caractéristique, le cercle, probablement en réponse au carré d'Albers, il avait parfaitement intégré le rôle assigné à la couleur par Albers qui écrivait à propos de la série des *Hommage au Carré* : « Le choix des couleurs employées aussi bien que leur ordre de succession est le résultat d'une volonté d'interaction de sorte qu'elles s'influencent et se transforment mutuellement et se meuvent diversement en avant et en arrière... cela dans le but d'affirmer l'autonomie de la couleur comme moyen d'organisation plastique. »

Stella n'a entrepris sa série *Profractors* qu'en 1967, les toiles de cette série vont souvent du sol au plafond ce qui leur confère une dimension architecturale. Stella les a commentées ainsi : « Mon principal objectif était de rendre ce que l'on appelle communément "peinture décorative" réellement viable en tant qu'abstraction, sans la moindre équivoque, de l'impliquer dans des préoccupations et problèmes picturaux au point qu'elle ne soit en aucune façon décorative au sens conventionnel du terme. »[1]

Frank Stella est né en 1936 à Malden, faubourg de Boston. Il vit et travaille à New York.

1. William Rubin, *Stella*, p. 149.

5. **L'art minimal**. — Nous avons dit que les premières œuvres dépassant le tableau et pouvant être considérées comme des objets en soi, affranchis de ce médium, sont celles de Stella. Donald Judd les a commentées ainsi : « La plupart des toiles de Stella font penser à des dalles, car elles ont un relief plus prononcé qu'il n'est habituel, et que certaines sont découpées, entaillées... Les entailles des peintures aluminium déterminent la structure des bandes. Cette projection, ainsi que l'absence d'effets de perspective et la relation intime entre contours et bandes donnent aux toiles une apparence d'objets, ce qui contribue pour beaucoup à leur intensité. »[1]

Ce qu'il est convenu d'appeler l'art minimal semble régler cette question du médium, détruire les catégories classiques : tableau et sculpture. Même si l'on parle de sculpture minimaliste, le mot sculpture dans sa connotation traditionnelle est inadéquat. Les expositions de Donald Judd et Robert Morris en 1963, Dan Flavin en 1964 et Carl André en 1965 ont affirmé l'ampleur de ce mouvement. Pour Judd la peinture était prisonnière d'une tradition qui limitait ses possibilités. L'objet spécifique qu'il fait sien, parce qu'il est inédit, n'est plus tributaire de limites.

Travailler « en trois dimensions permet d'utiliser toutes sortes de matériaux et de couleurs », et en particulier des matériaux inusités comme les éclairages fluorescents, le formica, la fibre de verre, le chrome et le plastique. Ces « matériaux, couleurs et espaces concrets, réels », ont une spécificité et une puissance qui manquent à la peinture. Par conséquent, annonçait Judd, la peinture « doit céder la place »[2].

Cette troisième dimension que la planéité du tableau avait voulu à tout prix exclure se retrouvait dans le minimalisme, exportée dans un espace qui n'était plus celui du

1. Donald Judd, *Local History*, p. 32.
2. D. Judd, New York Exhibitions : Kenneth Noland, *Arts magazin*, septembre 1963, p. 54.

tableau mais celui du déplacement de l'artiste, du spectateur, déplacement mental devenu réel.

Il est frappant de noter combien des artistes comme Flavin ou Andre se réclamèrent du constructivisme russe, Flavin dédia d'ailleurs une série d'œuvres à Tatline. S'inscrivent dans cette mouvance Carl André (né en 1935), Dan Flavin (né en 1933), Donald Judd (né en 1928), mais aussi Sol Le Witt (né en 1928) et Robert Morris (né en 1931). En marge, l'œuvre de Richard Serra (né en 1939) déplace la problématique minimaliste, liée essentiellement à l'espace muséal, dans des sites naturels. On a souvent associé à ce mouvement Brice Marden (né en 1938) et Robert Ryman, ainsi que Agnès Martin (née en 1912 au Canada). Les tentatives de ces trois artistes s'écartent pourtant nettement des préoccupations des minimalistes. Celle-ci écrivait, soulignant la dimension spirituelle de son projet : « Un travail artistique complètement abstrait, libre de toute référence à l'environnement, est comme la musique et provoque les mêmes réactions. Nous réagissons à la ligne, au ton et à la couleur de la même façon qu'au son et, comme la musique, l'art abstrait est thématique. Il a pour nous un sens qui dépasse les mots. »[1]

1. Agnès Martin, *Ecrits*, traduction Sally Bonn, Paris, Ecole nationale supérieure des Beaux-Arts, coll. « Ecrits d'artistes », 1993, p. 61.

CONCLUSION

Le rapprochement est peut-être hâtif mais comment ne pas mettre en parallèle, à plus d'un demi-siècle d'écart, et sans vouloir conférer à cette histoire de l'abstraction une continuité ou un sens factice de l'histoire, d'une part l'opposition entre la dimension spirituelle et métaphysique prisonnière du tableau dans le suprématisme de Malevitch, et le constructivisme radical de Tatline et de Rodtchenko qui voulut mettre fin au tableau de chevalet, et d'autre part l'antagonisme entre les artistes *color-field* tel Newman et le formalisme de Stella et des minimalistes.

Ce rythme diastole-systole, opposant le tableau poussé à l'extrême de ses limites (quelle que soit la définition des limites, celle réelle du format ou celle proprement philosophique) aux mouvements qui lui succèdent (dépassement radical du tableau dans les arts appliqués ou dans le minimalisme), est l'essence même de l'art abstrait,son ambiguïté, le moteur de sa compréhension.

La troisième dimension, initialement ennemie du processus abstracteur dans le tableau, est étrangement le point commun du dépassement de l'abstraction inscrite dans le tableau. Il s'agit dès lors de la troisième dimension réelle d'un déplacement et non plus de celle irréelle, du perspectivisme. Elle s'avère pourtant de nature essentiellement antagonique dans le dépassement de la première grande abstraction (par l'architecture et les arts appliqués) et le dépassement propre au minimalisme ; différente bien sûr par la nature des contextes historiques, mais aussi parce que le premier tire l'abstraction vers une fonction sociale, quand le second l'en éloigne.

Il y a lieu de s'interroger sur ce qu'il reste de l'abstraction, de sa puissance inaugurale spirituelle et métaphysique. L'on peut toujours alléguer que le formalisme, tant dans la réification propre aux œuvres que par l'exégèse, instaure son ordre selon une philosophie née de la fin de la métaphysique. Il est aisé pour les critiques formalistes de citer le très célèbre texte de Wittgenstein : « Les gens qui ne cessent de demander "pourquoi" sont pareils à des touristes qui, arrivés devant un monument, se plongent dans leur *Guide Bleu* ; ils sont tellement occupés à lire l'histoire de sa construction qu'ils ne voient plus le monument lui-même. La tendance à expliquer au lieu de se borner à décrire ne produit que de la mauvaise philosophie. »[1] Il est plus simple encore d'alléguer que, lorsque les rares philosophes d'une fin de la fin de la métaphysique s'occupent d'art, ils manquent de goût. En face du front formaliste organisé à l'appareil théorique construit, ne s'oppose qu'une littérature nostalgique, citons au hasard : « Ce qui rapproche en effet un Pollock d'un Wols ou d'un Mathieu, un Soulages d'un Barnett Newman ou d'un Kline, un De Kooning d'un Schneider, un Hartung d'un Clyfford Still, c'est que tous ces artistes donnent une primauté à l'instinct sur la théorie, à la poétique sur le savoir-faire. »[2]

Une telle assertion repose sur trois points :

La mise en regard d'artistes peu comparables, Newman et Soulages, Still et Hartung.

La référence à la primauté de l'instinct sur la théorie alors que nous avons espéré montrer que la théorie est inséparable de l'œuvre. Chez des artistes comme Mondrian, Malevitch, Kandinsky ou Newman, elle reste même ce qui fonde leur abstraction : cette assignation de l'art à la métaphysique, le prolongement de l'œuvre dans la théorie qui en assure la genèse et sans laquelle justement la porte est ouverte au formalisme. Ainsi que l'art

1. Ian Hackling, Wittengstein the Psychologist, *New York Review of Books*, 1er avril 1982, p. 43.
2. Michel Ragon, *Journal de l'art abstrait*, *op. cit.*, p. 145.

minimal cependant, comme a pu le remarquer Barbara Rose, soit un art froid, ne veut pas dire que la théorie l'a emporté sur l'instinct, mais simplement que la nature des théories s'est modifiée : « Un art dont l'impersonnalité neutre et mécanique contraste si brutalement avec le style expressionniste abstrait romantique et biographique qui l'a précédé, que le public est frigorifié par son apparent manque d'émotion et de contenu. »[1]

Le recours enfin aux deux notions de « poétique » et de « savoir-faire » est impropre. Le mot poétique employé dans un tel flou inciterait l'esprit le moins positiviste à préférer à une telle notion l'idée d'une anthropologie des faits picturaux au xxe siècle. Quant au « savoir-faire », le xxe siècle et l'abstraction plus particulièrement n'ont cessé de le repenser. Un tel point de vue donne paradoxalement et involontairement au formalisme une arme supplémentaire pour considérer l'abstraction de Malevitch, Kandinsky, de Newman ou de Still, comme art du passé, comme dépassée. Michel Henry, concluant son essai sur Kandinsky, nous aide à ne pas oublier la coïncidence étroite entre abstraction et ce couple fécond anxiété-contemplation où s'ouvre notre regard : « Nous regardons pétrifiés, immobiles eux aussi ou évoluant lentement sur le fond d'un firmament nocturne, les hiéroglyphes de l'invisible. »[2] Probablement, au-delà des différends d'interprétation, sommes-nous trop proches encore pour considérer l'abstraction comme un « mouvement » au même titre que l'impressionnisme ou le cubisme. Il appert par ailleurs que l'idée même de mouvement, ainsi que l'histoire de l'art l'entend, reste trop étroite pour comprendre un tel phénomène. Le destin de l'abstraction aura marqué, à tout le moins, l'art du xxe siècle et rien n'autorise aujourd'hui à prédire sa prospérité ou son avenir, pas plus qu'à décider de sa fin.

1. Barbara Rose, *ABC Art*, p. 58.
2. Michel Henry, *Voir l'invisible*, *op. cit.*, p. 244.

BIBLIOGRAPHIE

Wassily Kandinsky, *Du spirituel dans l'art*, traduction Pierre Volboudt, Paris, Denoël/Gonthier, 1969.

Wassily Kandinsky, *Point. Ligne. Plan*, traduction Suzanne et Jean Leppien, Paris, Denoël/Gonthier, 1970.

Wassily Kandinsky, *Regards sur le passé*, traduction Jean-Paul Bouillon, Paris, Hermann, 1974.

Wassily Kandinsky, *Klänge*, traduction Inge Hanneforth et Jean-Christophe Bailly, Paris, Christian Bourgeois édit., 1987.

Kasimir S. Malevitch, *De Cézanne au suprématisme*, traduction Jean-Claude et Valentine Marcadé, avec la collaboration de Véronique Schiltz, Lausanne, L'Age d'Homme, 1974.

Kasimir S. Malevitch, *Le miroir suprématisme*, traduction Jean-Claude et Valentine Marcadé, Lausanne, L'Age d'Homme, 1977.

Kasimir S. Malevitch, *La lumière et la couleur*, traduction Jean-Claude Marcadé et Sylviane Siger, Lausanne, L'Age d'Homme, 1981.

Piet Mondrian, Réalité naturelle et réalité abstraite, publié en 13 suites dans la revue *De Stijl* ; traduction Michel Seuphor, in *Piet Mondrian. Sa vie, son œuvre*, Paris, Flammarion, 1956.

Piet Mondrian, *Le home, la rue, la cité*, 1926, traduction Yve-Alain Bois, in *L'atelier de Mondrian*, Paris, Macula, 1982.

Vladimir Tatline, *Ecrits*, réunis et commentés par A. Strigaliev et L. Jadova, in *Tatline*, Paris, Philippe Sers édit., 1990.

Alexandre Rodtchenko, *Ecrits complets sur l'art, l'architecture et la révolution*, traduction B. du Crest, Paris, Philippe Sers édit., 1988.

Jean Bazaine, *Notes sur la peinture d'aujourd'hui*, Paris, Seuil, 1953.

Jean Hélion, La réalité dans la peinture, in *Cahiers d'art,* n° 9-10, Paris, 1934.

Auguste Herbin, *Art non figuratif non objectif*, Paris, Lydia Conti, 1949.

Willem de Kooning, *Ecrits et propos*, traduction C. Bounay, M.-C. Nobbécourt et D. Van Leeuwen, Paris, Ecole nationale supérieure des Beaux-Arts, 1992.

Robert Motherwell et Ad Reinhardt, édit., *Modern Artists in America*, New York, Wittenborn, 1952.

Barnett Newman, *Selected Writings and Interviews*, New York, Alfred A. Knopf, 1990.

TABLE DES MATIÈRES

Imprimé en France
Imprimerie des Presses Universitaires de France
73, avenue Ronsard, 41100 Vendôme
Mai 1995 — N° 41 547